Migranten in der Polizei

Zwischen politischer Programmatik und Organisationswirklichkeit

ISSN 1610-7500
ISBN 978-3-86676-026-4

Daniela Hunold

Migranten in der Polizei

Zwischen politischer Programmatik und Organisationswirklichkeit

ISSN 1610-7500
ISBN 978-3-86676-026-4

Verlag für Polizeiwissenschaft

Dr. Clemens Lorei

Bibliografische Information Der Deutschen Bibliothek
Die Deutsche Bibliothek verzeichnet diese Publikation in der Deutschen Nationalbibliografie; detaillierte bibliografische Daten sind im Internet über http://dnb.ddb.de abrufbar.

Verlag für Polizeiwissenschaft, Dr. Clemens Lorei
Eschersheimer Landstraße 508 • 60433 Frankfurt
Telefon/Telefax 0 69/51 37 54 • verlag@polizeiwissenschaft.de
www.polizeiwissenschaft.de

Printed in Germany

Vorwort

Diese Untersuchung beschäftigt sich mit einer zentralen Problematik der Organisationskultur der deutschen Polizei. Genauer gesagt dreht es sich um die institutionelle Verarbeitung von Veränderungsprozessen, die mit der Integration von Personen mit Migrationshintergrund in die Institution des staatlichen Gewaltmonopols einhergehen.
Als Kriminalgeografin war mir das Thema Polizei bis zum Beginn meines Kriminologiestudiums an der Universität Hamburg relativ fremd. Meine Erfahrungen mit Polizei waren bislang gering und ausschließlich privater Natur. Mein wissenschaftliches Interesse entwickelte sich erst durch meine Arbeit im Projekt MORS (Migranten in Organisationen von Recht und Sicherheit), das unter der Leitung von Dr. Rafael Behr am Institut für Sicherheits- und Präventionsforschung (ISIP) in Hamburg durchgeführt wurde.
Meine Erfahrungen mit der Polizei als Forschungsgegenstand entwickelten sich nunmehr in meiner Rolle als wissenschaftliche Mitarbeiterin im MORS-Projekt völlig neu. In Austauschprozess zwischen den Wissenschaftlern und den Polizeipraktikern spürte ich nunmehr sehr unmittelbar die Diskrepanz zwischen dem, was innerhalb der Polizeiwissenschaft diskutiert wird und dem, was innerhalb der Polizei gewollt ist. Dies erscheint auch nicht weiter verwunderlich, wenn man aus organisationstheoretischer Sicht bedenkt, dass es sich dabei natürlich um zwei verschiedene Kulturen handelt, welche auf diese unterschiedlichen Haltungen Einfluss haben. Bereits einfachste und grobmaschige Definitionen von Wissenschaft und Forschung sowie Polizei lassen grundverschiedene (Organisations-)Ziele erkennen. „Polizei" wird assoziiert mit Exekutivorgan, öffentliche Sicherheit und Ordnung, Strafverfolgungsbehörde sowie staatliches Gewaltmonopol. Tätigkeiten also, die mit der stark nomrmativen und hierarchisch eingebundenen Durchführung von Maßnahmen und der Erledigung konkreter Aufgaben mittels besonderer Befugnisse in Zusammenhang stehen. Die Wissenschaft dagegen soll Wissen durch die systematische Suche nach neuen Einsichten liefern. Hierbei können Systematik und Ziele je nach Forscher, Forscherteam oder Forschungsinstitution relativ frei gewählt werden, sind also frei von Zwang, aber nicht selten auch frei von anwendungsfähigen Zwecken. Auch besondere Befugnisse oder gar Privilegien stehen Wissenschaftlern in der deutschen Forschungslandschaft eher seltener zu. „Mind the Gap", ein bekannter Satz, der häufig in U-Bahn-Haltestellen englischsprachiger Regionen zu finden ist, sollte vor diesem Hintergrund auch in der interaktiven (Be-)Forschung der Polizei Bedeutung erlangen. Neues Wissen im Austausch mit Polizeimitgliedern zu generieren erfordert Zeit, Verständnis, Toleranz und die Durchbrechung des allzu häufig manifestierten wissenschaftlichen „Tunnelblickes" ohne dabei die nötige Distanz zum „Forschungsobjekt" aufzugeben. Dass die Organisation der Polizei ganz eigenen Gesetzen folgt, lässt sich recht lebhaft anhand eines Erlebnisses im Kontext einer meiner teilnehmenden Beobachtung für das Projekt MORS illustrieren: Um einen Eindruck über den

schriftlichen Einstellungstest einer deutschen Länderpolizei zu erlangen, habe ich in Absprache den jeweiligen Verantwortlichen an einem solchen teilnehmen dürfen. Ich verfehlte knapp die erforderliche Punktzahl, um als polizeidienst- bzw. studierfähig eingestuft zu werden, genauer gesagt hat der psychologische Teil des Testes mir bescheinigt, für den Polizeialltag nicht „gruppentauglich“ genug zu sein. Nachdem ich in der Zwischenzeit mein Kriminologiestudium erfolgreich beendet hatte, besprachen wir mein Testergebnis in einer unserer Praktikerkonferenzen, deren polizeiliche Teilnehmer aus verschiedenen Bereichen und Ebenen rekrutiert wurden. Die für das Auswahlverfahren Verantwortlichen stellten in dieser Runde mit scheinbarer Selbstverständlichkeit die Frage, wie ich das Hochstudium habe abschließen können, wo ich doch durch die Aufnahmeprüfung der Polizei gefallen sei. Im Laufe der sich anschließenden Diskussion wurden nicht etwa die Leistungskriterien des polizeilichen Auswahlverfahrens hinterfragt, sondern relativ deutlich die heutigen Studienleistungen und -anforderungen in Zweifel gezogen. Dies spiegelt eine Haltung wider, die wenig Zweifel an den eigenen Standards hat, sondern eher geneigt ist, die polizeiexternen Normen in Frage zu stellen. . Die unterschiedlichen Logiken, Denktraditionen und Handlungsstrategien ließen sich nicht immer umstandslos miteinander harmonisieren, es bedurfte Geduld, Zeit und Anstrengung, um immer wieder ein gemeinsames Interesse an der Thematik zu definieren.

An der Entstehung dieser Arbeit waren viele Personen beteiligt, denen ich sehr verbunden bin. Dr. Rafael Behr hat maßgeblich zum Gelingen dieser Arbeit beigetragen, indem er mir nicht nur in fachlichen Fragen Beistand geleistet hat, sondern wenn nötig auch Mut zugesprochen und immer wieder neu inspiriert hat. Deshalb möchte ich ihm an dieser Stelle besonderen Dank aussprechen. Weiterhin möchte ich Dr. Werner Lehne danken, der den entscheidenden Impuls für das Thema dieser Arbeit lieferte und als Erstgutachter immer ein offenes Ohr für mich hatte. Auch danke ich Prof. Dr. Dr. Fritz Sack, der nicht nur das Zweitgutachten übernommen hat, sondern auch Antragsteller des MORS-Projektes war, in dem meine Arbeit umgesetzt werden konnte. Schließlich möchte ich allen Polizeipraktikern meinen Dank aussprechen, die sich in Interviews, Gruppendiskussionen, Expertengesprächen und Praktikerkonferenzen am MORS-Projekt beteiligt und das Grundgerüst für diese Arbeit geschaffen haben. Ohne sie wäre die Untersuchung nicht zustande gekommen, zumindest nicht so, wie sie nun zu lesen ist.

Wenn mit ihr erreicht würde, die Polizei wieder um einige Facetten genauer zu begreifen, dann hätte sich die Arbeit wirklich „gelohnt“.

Inhaltsverzeichnis

1 Einleitung

> *If we are to achieve a richer culture, rich in contrasting values, we must regognize the whole gamut of human potentialities, and so weave a less arbritraty social fabric, one in which each diverse human gift will find a fitting place"* (MEAD 1935, zitiert nach LINDSLEY 1998, S. 187).

Verschiedenheit ist derzeit, im Gegensatz zu Gleichartigkeit, ein vorherrschendes Charakteristikum vieler Organisationen. Frauen, Migranten und Ältere machen zumindest in den westlichen Industrienationen heute meist mehr als die Hälfte der arbeitsfähigen Bevölkerung aus und werden in Zukunft die Mehrheit aller Berufstätigen bilden (LINDSLEY 1998). In diesen Ländern befasst man sich deshalb zunehmend mit Bedingungen und Möglichkeiten der Integration von benachteiligten Personengruppen in die Arbeitsmärkte. In Deutschland etablierten sich beispielsweise im Zuge der Frauenförderung konkrete Maßnahmen, welche die Unterrepräsentanz von Frauen in Positionen der Wirtschaft und des Staates nivellieren sollten. Daneben avancieren in Einwanderungsländern Themen um Zuwanderung und Beschäftigung zu bedeutenden Diskussionsgegenständen in Politik und Wirtschaft. Kulturelle Vielfalt findet hierbei immer mehr Beachtung als Ressource zukunftsweisender Organisationsentwicklung, welche die zunehmende Multikulturalisierung von Gesellschaft und Globalisierung der Märkte berücksichtigt. Viele private, international agierende deutsche Unternehmen beschäftigen sich bereits seit längerem mit dem Nutzen und der Nutzbarmachung kultureller Verschiedenheit. Erst in den 1990er Jahren kamen entsprechende Diskurse mit Bezug auf staatliche Organisationen auf, welche primär die kulturelle Öffnung der Verwaltung thematisierten. Schließlich befasste man sich auch mit der Frage, inwieweit Migranten[1] Zugang zu den Instanzen staatlicher Kontrolle haben sollten.

Seit Mitte der 1990er Jahre ist es in Deutschland rechtlich möglich, Polizisten mit ausländischem Pass in den Polizeivollzugsdienst einzustellen. Danach haben die Länder- und Bundespolizeien mehr oder weniger intensive Bemühungen unternommen, um Migranten aus verschiedenen ethnischen Milieus, auch mit deutscher Staatsangehörigkeit, für den Dienst in der Polizei zu rekrutieren. Politische Proklamationen von Landesregierungen, Ministerien und Verantwortlichen der Polizei vermitteln den Eindruck ernstzunehmenden Engagements, den Anteil an Polizisten mit Migrationshintergrund im

---

[1] Der Lesbarkeit halber wird in der vorliegenden Arbeit auf eine Verwendung der weiblichen Form verzichtet.

Polizeivollzugsdienst signifikant erhöhen zu wollen. So berichten z.B. Zeitungen häufiger über entschlossene Innenminister oder Polizeipräsidenten, die ihr Interesse in dieser Sache öffentlich bekräftigen. "Wir müssen, können und wollen die Anzahl der Migranten in der Polizei erhöhen" betonte z.B. der Berliner Polizeipräsident in einem Interview der Tageszeitung vom 12.10.2002.[2] Trotz aller Bekundungen sind die Anteile der Polizisten mit Migrationshintergrund heute immer noch auffällig niedrig. Dementsprechend sagte der Leiter des Fachbereichs III der Deutschen Hochschule für Polizei, Prof. Hans-Gerd Jaschke, in einem Interview im Zusammenhang mit den Gewalteskalationen an der Berliner Rütli-Schule: „Wir stehen vor einem Scherbenhaufen, weil z.B. auch die Anwerbung nichtdeutscher Polizeibeamter faktisch gescheitert ist".[3]
Vor dem Hintergrund dieser Entwicklung ließe sich zunächst folgern, dass eine Kluft zwischen politischem Anspruch und Organisationspraxis zu bestehen scheint. In diesem Kontext beschäftigt sich die vorliegende Arbeit mit Bedingungen, welche die Integration von Migranten in die Polizei ermöglichen oder begrenzen. Dazu werden drei verschiedene analytische Ebenen herangezogen: Die programmatische, die organisationsbezogene und die interaktive Ebene. Politische Statements und Entscheidungen bilden zwar eine Grundlage für die Entwicklung von spezifischen Rekrutierungsmaßnahmen, „a race relation policy statement is therefore the starting point for the development of specific work in any area of policing, including recruitment from ethnic minorities" (HOLDAWAY 1996, S. 146). Dabei ist für ihre tatsächlichen Effekte jedoch entscheidend, welchen Motiven und Leitbildern diese folgen. Bleiben Resultate aus, könnte der Verdacht aufkommen, dass alles politische Engagement in erster Linie den Logiken symbolischer Politik entspricht. Programmatiken können jedoch auch nicht kausal in die Handlungspraxis übertragen werden, deshalb sind Ursachen für ausbleibende Erfolge insbesondere auf der Ebene der Organisation zu suchen. Trotz moderat gestiegener Bewerberzahlen aus ethnisch fremden Milieus[4] ist die Anzahl derer, die den Zutritt in die Organisation geschafft haben, auf einem sehr geringen Niveau geblieben. Auswahlentscheidungen bilden hier vermutlich einen starken Selektionsmechanismus, der über Zugehörigkeit und Nichtzugehörigkeit bestimmt. Die wenigen Migranten, die den Zugang in die Polizei geschafft haben, scheinen sich nach FRANZKE (1999) und BLOM (2005a, 2005b) durch Anpassung und kulturelle „Unauffälligkeit" auszuzeichnen, kulturspezifische „Eigenheiten" bleiben im Polizeialltag weitestgehend unberücksichtigt. Handlungsbestimmend und im Organisationsvollzug deutlich sichtbar zeigt sich hier Polizistenkultur (BEHR 2000, 2006), die entscheidend für die Integration auf der Alltagsebene sein dürfte.

---

[2] „taz":„Migranten bevorzugt", Ausg. vom 12.10.2002.

[3] Jaschke, Hans-Gerd, in: http://www.heute.de/ZDFheute/inhalt/5/0,3672,3919589,00.html, Zugriff am 01.04.2006, (Interview in der Sendung „Kulturzeit" 3-Sat am 30.03.2006).

[4] In der letzten Bewerbungsrunde der Berliner Polizei im Jahr 2006 brachten ca. 10% Aspiranten einen Migrationshintergrund mit („taz" Berlin lokal: „Migranten rennen der Polizei die Tür ein", Ausg. vom 06.04.2006).

Während andere Länder von offenen Ressentiments einheimischer Kollegen gegenüber ethnisch fremden Organisationsmitgliedern berichten (vgl. u.a. HOLDAWAY 1991, 1996 für Großbritannien, VAN GILS 1995 für die Niederlande), geben bisherige Studien über die Verhältnisse in Deutschland (FRANZKE 1999, BLOM 2005b) Hinweise darauf, dass innerpolizeiliche Konflikte weniger sichtbar zu sein scheinen.
Folgende sich hieran anschließende Fragen sollen in der vorliegenden Untersuchung beantwortet werden: Gibt es Diskrepanzen zwischen Programmatik und Organisationswirklichkeit und wie äußern sich diese? Was sind Mechanismen, die an der Peripherie der Organisation Vielfalt abweisen? Welche Bedingungen sind Voraussetzung für die Mitgliedschaft von Migranten in der Polizei? Welche Kriterien entscheiden im Kollegenkreis über Zugehörigkeit und Nichtzugehörigkeit und welche Art von Konflikten resultieren daraus?

Das Buch enthält vier Hauptkapitel: Im ersten Kapitel wird die Ebene der Programmatik anhand der gesetzlichen Grundlagen und der politischen Orientierungen der einzelnen Länder den Effekten auf der Organisationsebene deskriptiv gegenübergestellt. Die Beschreibungen kommen einer Aufarbeitung der Entwicklungen der Integration von Migranten in die Polizei gleich, die gerade deshalb notwendig erscheint, da aktuelle wissenschaftliche Studien dazu fehlen. Zentrale Fragen drehen sich hier also darum, welche politischen Ausrichtungen es überhaupt gibt, von welchen Motiven diese begleitet werden und zu welchen Erfolgen diese führen. Am Ende steht eine Diskussion der Ergebnisse vor dem Hintergrund der Frage, welche Bedeutung politische Ausrichtungen für Rekrutierungserfolge haben könnten. Empirische Datengrundlagen bilden hier entsprechende Landtagsdokumente sowie Ergebnisse aus dem Projekt „Migranten in Organisationen von Recht und Sicherheit" (MORS) des Instituts für Sicherheits- und Präventionsforschung (ISIP). Um Aufschluss darüber zu erlangen, inwieweit strukturelle Rahmenbedingungen der Organisation die Integration von Migranten ermöglichen oder begrenzen, stehen im zweiten Kapitel die aktuellen Einstellungspraktiken im Mittelpunkt des Interesses. In diesem Zusammenhang soll diskutiert werden, welche Mechanismen in den Auswahlverfahren kulturelle Vielfalt bereits an der Peripherie abweisen oder fördern. Die Auswertung von sechs Interviews mit Kommissaranwärtern der Landespolizei Nordrhein-Westfalen soll schließlich Erkenntnisse zu deren „Unauffälligkeit" bezüglich ihrer Herkunftskultur liefern, indem ihre Assimilations- bzw. Akkulturationsleistungen vor Eintritt in die Organisation nachvollzogen werden.[5] Im dritten Kapitel findet eine Aufarbeitung organisationstheoretischer Konzepte statt, die mit Bezug auf die strukturellen

[5] Die Interviews wurden im Rahmen des Projektes MORS durchgeführt, transkribiert und von mir selbst bezüglich der entsprechenden Fragestellungen ausgewertet. Die Auswertung beschränkte sich dabei auf eine inhaltliche Codierung der Interviews mit dem Textanalyseprogramm „win-Max" sowie einer inhaltlichen analytischen Wiedergabe der verwendeten Passagen. Informationen zu den Interviewteilnehmern folgen an entsprechenden Textstellen.

Rahmenbedingungen von Polizeiorganisationen Hinweise darauf geben, dass die Reduzierung von Vielfalt und Heterogenität notwendig ist, um den funktionalen Erhalt von Organisationen zu sichern. In diesem Rahmen werden auch Organisationskulturkonzepte zur Erklärung von organisationsinternen Assimilationsprozessen herangezogen. Gegenstand des vierten Kapitels ist schließlich die Akzeptanz von Migranten im Kollegenkreis sowie Bedingungen, die in Polizistengemeinschaften über Zugehörigkeit und Nichtzugehörigkeit entscheiden können. Theoretische Überlegungen hierzu sollen mit entsprechenden Ergebnissen aus den bereits genannten sechs Interviews sowie aus drei Gruppendiskussionen[6] hervorgehoben werden. Den Abschluss bildet ein Fazit mit einer kurzen Zusammenfassung der Ergebnisse sowie Überlegungen zu möglichen zukünftigen Entwicklungen.

---

6 Diese Gruppendiskussionen fanden im Projekt MORS im Rahmen von sog. Praktikerkonferenzen statt. Sie wurden in Zusammenarbeit mit zwei Länderpolizeien durchgeführt. Die Gruppendiskussionen wurden, wie auch die Interviews, transkribiert, thematisch kodiert sowie entsprechende Passagen inhaltlich analytisch wiedergegeben. Hintergrundinformationen zu den Teilnehmern folgen an entsprechenden Textstellen.

2 Migranten in der Polizei – Gesetzliche Grundlagen, politische Entwicklungen und Praxiswirklichkeit

Neben Militär und Justiz trägt die Organisation der Polizei zur Sicherung des staatlichen Gewaltmonopols bei, womit sie zum Kern nationaler Identität gezählt werden kann. Im Kontext ihres bürokratischen Charakters sieht die deutsche Polizei für die Ausübung des Polizeivollzugsdienstes den Eintritt in das Beamtenverhältnis als grundlegende Voraussetzung vor. Bis zum Jahr 1994 durfte in Deutschland jedoch nur in das Beamtenverhältnis berufen werden, wer Deutscher im Sinne des Artikels 116 des Grundgesetzes ist. Den Vorstoß für einen bundesweiten Wandel im Beamtenrecht lieferte der damalige baden-württembergische Innenminister Frieder Birzele bereits 1993. Dieser formulierte das Ziel, über eine Sonderregelung des Landesbeamtengesetzes (LBG) im Zuge eines „dringenden dienstlichen Bedürfnisses"[7], die ihm unterstehende Landespolizei für Migranten[8] ohne deutschen Pass zu öffnen, und diese gezielt zu rekrutieren (Maguer 2002). Diese veränderte Haltung in Bezug auf die Einstellung von Bewerbern mit Migrationshintergrund ohne deutsche Staatsbürgerschaft ist u.a. mit den zuvor verstärkt aufgekommenen

---

[7] Das „dringende dienstliche Bedürfnis" stellt eine Ausnahmeregelung im Bundesbeamtengesetz und den jeweiligen Landesbeamtengesetzen zur Ernennung in das Beamtenverhältnis dar. Demnach kann das Innenministerium Ausnahmen von der im gleichen Absatz enthaltenen Regelung machen, dass nur in das Beamtenverhältnis berufen werden darf, „wer die Staatsangehörigkeit eines Mitgliedstaates der Europäischen Union besitzt, [...] wenn für die Gewinnung der Beamtin oder des Beamten ein dringendes dienstliches Bedürfnis besteht" (Beamtengesetz für das Land Schleswig-Holstein, § 9, Absatz 1 und 3, www.schollofficesh.de/texte/l/landesbeamtengesetz/landesbeamtengesetz.htm, Zugriff am 13.12.2006. Grundsätzlich wird das dringende dienstliche Bedürfnis nur bei Entscheidungen bezüglich der Einstellung von Ausländern außereuropäischer Herkunft angewandt.

[8] Der Begriff Migrant ist sowohl in Deutschland als auch international nicht einheitlich definiert. Streng genommen sind einige Bevölkerungsgruppen, welche im Rahmen dieser Arbeit Relevanz besitzen, von diesem Begriff ausgeschlossen (z.B. Personen, deren unmittelbare Vorfahren selbst migriert sind, aber selbst keine Wanderungserfahrung besitzen, sondern bereits in der 2. und 3. Generation in Deutschland leben). Deshalb bevorzuge ich den Begriff Migrationshintergrund. Er stellt eine weiter gefasste Begrifflichkeit dar und schließt folgende Personengruppen mit ein: zugewanderte Ausländer, in Deutschland geborene Ausländer, zugewanderte Deutsche mit Migrationshintergrund (eingebürgerte Ausländer, Spätaussiedler), nicht zugewanderte Deutsche mit Migrationshintergrund (z.B. eingebürgerte nicht zugewanderte Ausländer) sowie Kinder mit zumindest einem Elternteil, das eines der genannten Merkmale erfüllt. Wenn der Einfachheit und Lesbarkeit halber der Begriff Migrant Verwendung findet, sind damit immer MH-Beamte (Beamte mit Migrationshintergrund) gemeint.

Rassismusvorwürfen in der Öffentlichkeit zu begründen. Diese Vorwürfe entstanden vorrangig aufgrund zunehmender Straftaten gegen Ausländer und den damit verbundenen spezifischen Kontrollanforderungen an die Polizei (FRANZKE 1999). Des Weiteren erhob Amnesty International erneute Beschuldigungen bezüglich des Umgangs deutscher Polizisten gegenüber Straftätern mit Migrationshintergrund (MURCK/SCHMALZL 1995). Auch deshalb erklärte die Innenministerkonferenz im Mai 1993, die Rekrutierung von Ausländern in den deutschen Polizeivollzugsdienst sei eine sinnvolle Reaktion auf diese Rassismusvorwürfe, und übernahm die Initiative Baden-Württembergs. Diese schlug sich 1994 im Bundesbeamtengesetz (BBG) nieder, indem die staatsbürgerschaftsbezogenen Regelungen aufgelockert wurden. Seitdem können EU-Staatsangehörige den Beamtenstatus ohne Ausnahmeregelungen erlangen. Eine Einschränkung gibt jedoch § 7 Absatz 2 des Bundesbeamtengesetzes. In dem heißt es, dass grundsätzlich nur ein Deutscher in das Beamtenverhältnis berufen werden darf, wenn es die Aufgaben erfordern. Da aber diese Aufgabenbereiche nicht klar definiert werden und unklar bleibt, welche Gebiete in erster Linie deutschen Staatsangehörigen vorbehalten bleiben sollen, eröffnet die Ermessensgrundlage in Entscheidungsprozessen der Länder auch Spielräume dafür, die Möglichkeit, EU-Ausländer in das Beamtenverhältnis einzustellen, zu begrenzen. Der nordrhein-westfälische Innenminister Herbert Schnoor[9] erhellt diese Form der Entscheidungsfreiheit, indem er in einem Interview proklamiert, dass die Aufgaben der Polizei und der Rechtsprechung in seinem Bundesland nur von Deutschen übernommen werden sollen.[10] Einen politischen Kurswechsel im Hinblick auf die Verbeamtung von Migranten ohne deutsche Staatsbürgerschaft vollzog die Landesregierung dann nach Bildung der rot-grünen Koalition im Sommer 1995. Über die Möglichkeit der Verbeamtung von Ausländern außereuropäischer Herkunft entscheidet bis heute bundesweit das dienstliche Bedürfnis.
Berlin stellte entgegen bereits ab 1988 Migranten ohne deutsche Staatsbürgerschaft in den Polizeidienst ein, indem besondere zivilrechtliche Regelungen für türkische, jugoslawische und polnische Jugendliche geschaffen wurden, die in Berlin aufgewachsen sind. Allerdings verpflichteten sich entsprechende Auszubildende zu einer Übernahme der deutschen Staatsbürgerschaft bei Beendigung der Ausbildung. In anderen Bundesländern besaßen Ausländer vor 1993 die Möglichkeit, den deutschen Polizeiberuf zu erlernen, wenn sie vor Antritt der Ausbildung die deutsche Staatsbürgerschaft erworben hatten (MAGUER 2002). Deutsche mit Migrationshintergrund trafen und treffen, zumindest formalrechtlich betrachtet, auf keine Hindernisse bei der Aufnahme in den deutschen Polizeivollzugsdienst.

---

[9] Innenminister in Nordrhein-Westfalen von Mai 1980 bis Juli 1995.

[10] Ausländer als Beamte. Noch immer die Ausnahme. UNI, 2/95, S. 13-14 (nach FRANZKE 1995, S. 17).

Trotz des politisch übergreifenden Konsenses führt der föderalistische Charakter der Bundesrepublik[11] zu einem sehr uneinheitlich anmutenden Bild der Zielformulierungen und Einstellungspraktiken der verschiedenen Länder. So gibt es heute einerseits Bundesländer, die weder den Anspruch einer vermehrten Rekrutierung von Beamten mit Migrationshintergrund erheben, noch erkennbare Anstrengungen in diese Richtung unternehmen. Andererseits versuchen insbesondere Stadtstaaten oder Länder mit einem hohen Anteil an ausländischstämmiger Bevölkerung auf den ersten Blick ernstzunehmende und kreative Maßnahmen zu initiieren, um die jeweiligen Polizeiorganisationen an die Entwicklungen einer zunehmenden Multikulturalisierung der Gesellschaft anzugleichen. Trotzdem bleiben die Anteile an Polizisten mit ethnisch fremden Wurzeln auch in diesen Ländern sehr gering. Politische Ansprüche und praktische Ergebnisse auf der Ebene der Organisation scheinen insofern zunächst auseinanderzuklaffen.
Auf der politischen Ebene sind es Initiativen und Zielformulierungen der jeweiligen Landesregierungen, welche auf der Organisationsebene vermutlich, wenn auch nur eingeschränkt, eine Wirkung auf Art und Umfang der Mittel zur Erhöhung der Anzahl von Migranten haben dürften. Von einer Formulierung der Zielperspektive hängt jedoch nicht nur die Bestimmung der Zielgruppe innerhalb der Bevölkerungsgruppen mit Migrationshintergrund und die praktische Umsetzung von Rekrutierungs- und Auswahlverfahren ab, sondern auch, inwieweit die Organisation selbst Bereitschaft für eine Veränderung der Organisationskultur[12] zeigt, um die Integration in den eigenen Reihen zu fördern (MURCK/WERDES 1996). Um das Problem der scheinbaren Kluft zwischen politischer Integrationswilligkeit und der organisationsbezogenen Integrationspraxis in zunächst deskriptiver Weise zu betrachten, soll im Folgenden zuerst definitorischen Unklarheiten des politisch begründeten dringenden dienstlichen Bedürfnisses für die Einstellung von Migranten sowie den daran anknüpfenden Zielformulierungen nachgegangen werden. Dies dürfte Aufschluss darüber geben, welche Motive und Zielsetzungen für die Rekrutierung von Migranten auf den Ebenen von Regierung sowie Organisation überhaupt formuliert sind. Danach folgt die Darstellung zweier Beispiele für länderpolitische Ausrichtungen bezüglich der Rekrutierung von Migranten. Daran anschließend stehen auf der Ebene der Organisation Anwerbestrategien sowie die Entwicklung der Einstellungen von Migranten in den Ländern im Blickpunkt des Interesses. Abschließend sollen die Ergebnisse sowie

[11] Die Ausübung der staatlichen Befugnisse und die Erfüllung der staatlichen Aufgaben, und damit auch der Aufgabenbereich der Polizei, liegt gemäß Artikel 30 GG in der Hand der Länder (WINTER 1998).

[12] Der Begriff der Organisationskultur soll in Kapitel 5.2.3 ausführlich diskutiert werden. Hier sei bereits darauf hingewiesen, dass es *die* Organisationskultur nicht gibt. Vielmehr kann man von verschiedenen Subkulturen sprechen, welche sich durch eine reziproke Beziehung zwischen der Struktur des beruflichen Feldes und Habitus bedingen (BOURDIEU/ WACQUANT 1996).

mögliche Erklärungen für die Entwicklungen in deutschen Polizeiorganisationen diskutiert werden.
Die folgenden Resultate basieren auf unterschiedlichen Quellen. Zum einen stellen sie Ergebnisse einer Dokumentenanalyse von Landtagsinitiativen der Länder zu Themen dar, welche Bezug zur vorliegenden Fragestellung besitzen. Zum anderen wurden Stellungnahmen der verschiedenen Innenministerien zu Zielen, Maßnahmen und Entwicklung der Integration von Migranten im Rahmen von vier Bund-Länder-Abfragen herangezogen (FRANZKE 1995/1999, MAGUER 2002, BLOM 2005b, Projekt MORS 2006). In einzelnen Fällen kommen Informationen aus informellen Gesprächen der Praktikerkonferenzen des MORS-Projektes hinzu.[13] Die Bezugnahme auf verschiedene Informations- und Datenquellen ist dem Umstand geschuldet, dass bisherige empirische Forschungen, die das Thema Migranten in der deutschen Polizei aufarbeiten, insgesamt nur ein lückenhaftes Bild liefern. Zudem haben Erfahrungen aus der Forschungspraxis im Rahmen des Projektes MORS gezeigt, dass die Bereitschaft einiger Länderpolizeien zu einer Zusammenarbeit mit Wissenschaftlern begrenzt ist und sich somit eine fundierte Informationsbeschaffung bisher als schwierig erwiesen hat. Dementsprechend können die folgenden Darstellungen lediglich als methodisch nicht fehlerfreier Beitrag gedeutet werden, aus verschiedenen Informationsquellen ein annähernd lückenloses Bild über die Entwicklungen der Integration von Migranten in die deutschen Polizeiorganisationen zu schaffen.

2.1 Beispiele definitorischer Auslegungen des dringenden dienstlichen Bedürfnisses

Die gezielte Rekrutierung von Ausländern infolge der Änderung des Landesbeamtengesetzes ist ein „rechtliches Novum“ (MAGUER 2002, S. 310), für das jedoch die Beweggründe in den Bundesländern nicht einheitlich sind. Diffus bleibt bis heute, inwieweit Verantwortliche aus Politik und Polizeipraxis integrationspolitischen Ansprüchen folgen, polizeistrategische Überlegungen intendieren oder gar Rücksicht auf demographische Veränderungen nehmen, um die Rekrutierung von Aspiranten für den Polizeidienst zu sichern.
Als der baden-württembergische Innenminister 1993 auf die Ausnahmebestimmung des Landesbeamtengesetzes zurückgriff, um Migranten ohne deutsche Staatsbürgerschaft für die Landespolizei zu rekrutieren, begriff er das dringende

---

[13] Die Konferenzen sollen dem Austausch zwischen Wissenschaft und Praxis und der Generierung von gemeinsamem Wissen dienen. Durchschnittlich nehmen 6-10 Polizeibeamte an den Konferenzen teil. Diese rekrutieren sich aus allen Dienstbereichen der Polizei. Grundlegende Fragen drehen sich um Integration und Akzeptanz von Migranten in der Polizei. Es haben zum aktuellen Zeitpunkt insgesamt neun Praktikerkonferenzen stattgefunden.

dienstliche Bedürfnis als Strategie zur funktionalen Verbesserung der Verbrechensvorbeugung und –bekämpfung. Vor allem waren damit Defizite in der Qualität der Kontakte zwischen einheimischen Polizisten und Bürgern mit Migrationshintergrund angesprochen. Insbesondere für Wohngebiete mit einem hohen Anteil an ethnisch fremden Bewohnern existierte die Vorstellung über den einsatzbereiten ethnisch kundigen Kontaktbereichsbeamten, welcher mittels seiner spezifischen Kenntnisse Kommunikation, Vertrauen und Verbrechensbekämpfung verbessern sowie in Konfliktfällen dienlichere Schlichtungsstrategien zur Hand haben sollte. Nicht zuletzt erhoffte man sich davon auch eine Imageverbesserung der Polizei bei ausländischstämmigen Bevölkerungsgruppen. Beschlusskraft erlangte die Initiative durch die Fortschreibung des Programms Innere Sicherheit der Bundesregierung, in dem es heißt: „Die Polizei muss sich in Ausbildung und Verhalten besser als bisher auf den Umgang mit der ausländischen Wohnbevölkerung einstellen. Die Einstellung von Anwärtern für den Polizeidienst aus Familien der ausländischen Wohnbevölkerung ist der richtige Weg, um spezifische Formen der Kriminalität gerade bei nicht integrierten jungen Angehörigen der ausländischen Wohnbevölkerung zu bekämpfen und mehr Normalität im Verhältnis zu dieser Bevölkerungsgruppe zu erreichen.“[14] MURCK/WERDES (1996) betonen die Ambivalenz der angesprochenen Motive und Absichten, indem einerseits die Bekämpfung von Ausländerkriminalität und andererseits die Verbesserung des Kontaktes zu ethnisch fremden Personengruppen intendiert ist. Die Einstellung von Migranten als vertrauensbildende Maßnahme durch einen verbesserten Umgang zwischen ausländischer Bevölkerung und Polizei würde jedoch konterkariert, „wenn gleichzeitig die Kontrolle der ausländischen Bevölkerung betont wird“ (EBD., S. 1293 ff.).
MAGUER (2002) bezeichnet diese Ableitung des dringenden dienstlichen Bedürfnisses als hauptsächlich polizeistrategisch. Mit Verbesserung des Umganges und der Kommunikation zwischen Polizei und ausländischstämmiger Bevölkerung sollte hiernach vornehmlich den ‚neuen' Anforderungen der ethnisch spezifischen (organisierten) Kriminalität und Bandenkriminalität Rechnung getragen werden, indem spezifische kulturelle und sprachliche Kenntnisse neue Zugangsmöglichkeiten für die Polizeiarbeit herstellten. Die Berufung auf ein dringendes dienstliches Bedürfnis bezöge sich im Kontext der Ausübung des Polizeiberufes demnach vorrangig auf die Abschöpfung kulturellen Spezialwissens der Beamten mit Migrationshintergrund.
Empirisch wissenschaftliche Erhebungen zur Begründung der Rekrutierung von Migranten der einzelnen Länderpolizeien liefern für den deutschsprachigen Raum bisher im Wesentlichen die Studien von FRANZKE (1995, 1999) und BLOM (2005b). Eine Bund-Länder-Abfrage durch FRANZKE (1999) aus dem Jahr 1994[15] ergab, dass

---

[14] Programm Innere Sicherheit. Fortschreibung 1994 durch die Innenminister/-senatoren der Länder und des Bundesministers des Innern, Bonn 1994, S. 31.

[15] Abfrage der für Personalangelegenheiten von Polizeibediensteten zuständigen Stellen sowie der Gewerkschaft der Polizei (GdP), der Deutschen Polizei Gewerkschaft (D Pol G) und des Bundes

sich politische Begründungen für die Einstellung von Ausländern in den Polizeivollzugsdienst in erster Linie

- um die Vermittlung des Wissens über „fremde Kulturen, Denk- und Lebensweisen an Kolleginnen und Kollegen ohne diesen Erfahrungshintergrund [(12x)],
- [die] bessere Bewältigung von Konflikten zwischen Polizisten und Ausländern sowie Ausländern und Deutschen [(12x)],
- [eine bessere] Kriminalitätsvorbeugung und –Bekämpfung in Gebieten mit hohem Ausländeranteil [(10x)],
- [den] Einsatz von Polizisten ausländischer Herkunft bei Bekämpfung organisierter Kriminalität [(7x)],
- [die] Förderung beruflicher und gesellschaftlicher Integration und [(10x)]
- das Bestreben, dass die Polizei Spiegelbild der Gesellschaft sein soll, [drehen] [(7x)]" (EBD, S. 105).

Die Begründungen für die Einstellung von Polizisten mit Migrationshintergrund folgen hier drei wesentlichen Aspekten. Es existiert die Vorstellung, dass Polizisten mit Migrationshintergrund durch die Vermittlung von kulturspezifischen Wissens- und Erfahrungsbeständen vor allem die Rolle eines „Kulturscouts" übernehmen, um einerseits Kollegen im Umgang mit ethnisch spezifischen Problemen zu schulen, und andererseits selbst eine verbindende Position zwischen der staatlichen Ordnungsmacht und ethnisch fremden Bürgern einzunehmen, welche von Seiten der Organisation in erster Linie Qualität sichernden Ansprüchen im Bereich der Polizeiarbeit folgt. Inwiefern diese Form der interkulturellen Kompetenzvermittlung tatsächlich dem von MAGUER (2002) hervorgehobenen polizeistrategischen Nutzen dient, bleibt bei FRANZKE (1995, 1999) ungeklärt. Zumindest deskriptiv nimmt die funktionale Verbesserung der Polizeiarbeit hier jedoch einen weiteren zentralen Stellenwert ein. Hinzu kommt schließlich eine gesellschaftspolitische Perspektive, indem der Nutzen für die gesellschaftliche Integration hervorgehoben wird. Die Repräsentation der Bevölkerungsstruktur stellt in diesem Zusammenhang ein Symptom für deren Erfolg dar.
Ein ähnliches Bild ergibt sich nach einer Länderabfrage aus dem Jahr 2003[16] (BLOM 2005b). Gründe für die Einstellung von Personen mit Migrationshintergrund waren hiernach:

- Verbesserung der Effektivität des Polizeiauftrittes sowie effektivere Ermittlungen bei der Strafverfolgung (jeweils 6x)

Deutscher Kriminalbeamter (BDK) mittels eines 27 Fragen umfassenden Fragenkataloges. Von allen angeschriebenen Stellen liegen Daten vor (FRANZKE 1999, 1995).

[16] Hierbei handelte es sich um eine schriftliche Befragung der Innenministerien der 16 Bundesländer, davon haben Sachsen und Bayern nicht teilgenommen (BLOM 2005b).

- Vertrauensbildung bei der allochthonen Bevölkerung durch bessere Konfliktbearbeitung (5x)
- Beitrag zur Integration (4x)
- Repräsentation von Migranten im öffentlichen Dienst (3x)
- Kein besonderer Grund (1x)

In Bezug auf die Rekrutierung von Migranten mit außereuropäischer Nationalität wurde zudem fünfmal auf das dringende dienstliche Bedürfnis verwiesen. Prinzipiell sind beide Studien bereits aufgrund methodischer Differenzen nicht miteinander vergleichbar. Trotzdem sollte mit Blick auf diese Unvereinbarkeit die insgesamt relativ geringe Relevanz des Nutzens der Integration als handlungsweisende Zielformulierung bei BLOM (2005) Anmerkung finden. BLOM (2005b) betrachtet seine Ergebnisse als Bestätigung einer zunehmenden innerpolizeilichen Thematisierung kultureller Diversität[17] innerhalb der Polizei. Aber auch hier drehen sich die Zielformulierungen für die Einstellung von Personen mit Migrationshintergrund in den deutschen Polizeivollzugsdienst im Rahmen seiner Länderabfrage am häufigsten um funktionale, die Verbesserung der Polizeiarbeit betreffende Ansprüche sowie der Qualifizierung des Kontaktes zu Bürgern mit Migrationshintergrund.
Von einer einfachen Begründungsdichotomie „funktional versus integrativ“ ist allerdings grundsätzlich nicht auszugehen. Prinzipiell beinhalten beide Aspekte inkongruente Argumente und Handlungsstrategien. Der polizeistrategische Nutzen zur Rekrutierung ethnisch kundiger Polizeibeamter erscheint vordergründig in Bezug auf die grundlegende und formal definierte Funktion der Organisation funktionalistisch, der Verbrechensvorbeugung und -bekämpfung. Hierzu ist eine Veränderung und Angleichung des internen Wissensbestandes an äußere Veränderungen und Umstände vonnöten, um auf Abweichungen von Kriminalitätsformen im Zuge gesellschaftlicher Veränderungen gewinnbringend reagieren zu können. Zur Wissenserweiterung gehören für dieses Aufgabenfeld u.a. Sprachkenntnisse und kulturelles Hintergrundwissen. Die Konsequenz wären veränderte und leichtere Zugänge zu spezifischen Deliktsfeldern sowie delinquenten ausländischstämmigen Personen und Personengruppen. Der Polizist mit Migrationshintergrund kann mit entsprechendem Wissen als Wissensstifter, Berater und Vermittler dienen. Diese Funktionen erfüllt er im Idealfall ebenso in anderen

[17] Der Begriff der kulturellen Diversifizierung ist hier angelehnt an das Konzept des ‚Diversity Management' im Rahmen der Unternehmensführung. Dieses hat zum Ziel, die Heterogenität aller Organisationsmitglieder im Sinne einer positiven Wertschätzung zu berücksichtigen, um so die Produktivität des Unternehmens zu steigern. Eine organisationspsychologische Definition bietet COX/ BLAKE (1991): „Planning and implementing organizational systems and practices to manage people so that the potential advantages of diversity are maximized ... Further I view the goal of managing diversity as maximizing the ability of all employees to contribute to organizational goals and to achieve their full potential unhindered by group identities such as gender, race, nationality, and departmental affiliation" (COX/ BLAKE 1991, zitiert nach BLOM 2005b, S. 6).

Bereichen, welche zur inhaltlich funktionalen Begründung gezählt werden könnten, jedoch strategisch zunächst nur marginal dem Erhalt der Sicherheit dienen. Der ethnisch fremde Polizist bedient mit seinen spezifischen Kenntnissen auch den Anspruch nach Verbesserung des Kontaktes zu seiner ihm ethnisch „zugehörigen" Subkultur in Deutschland. Im Interesse steht dabei die Ebnung defizitärer Kontakte zwischen einheimischen Polizisten und migrantischer Bevölkerung mittels einer „Normalisierung" des Umgangs untereinander und einer verbesserten Konfliktschlichtung im Sinne interkultureller Kompetenz. Hierbei spielen erneut Sprachkompetenzen sowie kulturspezifisches Hintergrundwissen eine Rahmen gebende und maßgebliche Rolle. Die Verbesserung des Kontaktes im Sinne einer interkulturellen und bürgernahen Polizei sowie die Repräsentanz von Personen verschiedener Migrationshintergründe in der staatlichen Organisation sollen schließlich auch innerhalb ethnischer Subkulturen eine positive Imageveränderung derselben hervorrufen. Erst bei nachhaltiger Veränderung organisationsbezogener Handlungsstrukturen mit Bezug auf interkulturelle Kommunikation wären mit Blick auf die Verbrechensverhütung und –bekämpfung auch Vorteile auszumachen, welche die Effizienz von Polizeiarbeit steigern. Mit zunehmender Akzeptanz und gesteigertem Vertrauen gegenüber der Polizeiorganisation wären Mitarbeit und Hinweise aus der Bevölkerung ausgedehnter und somit womöglich Zugänge zu Tatverdächtigen erleichtert. Die Grenze zu einem integrativen Anspruch zur Begründung der Einstellung von Migranten ist hierbei fließend, denn im Zuge der Formulierung politischer Integrationswilligkeit wird häufig der zentrale Nutzen der Widerspiegelung der Gesellschaft erwähnt, um Akzeptanz in der Bevölkerung zu fördern. Dabei ist die berufliche Integration als unterstützende Kraft für die gesellschaftliche angesehen. Da Polizei bisher zum Kernbereich nationaler Identität gezählt werden konnte, wird der Repräsentation von Migranten im öffentlichen Dienst eine wesentliche Rolle zur gezielten Förderung von nationalstaatlicher und gesellschaftlicher Identifikation und somit einer nachhaltigen Integration zugesprochen. Inwieweit diese Auffassungen tatsächlich dem Anspruch von Integration folgen, kann aufgrund der Komplexität des Ansatzes nicht Gegenstand dieser Arbeit sein. Mit Blick auf die nachfolgenden Ausführungen sollte lediglich die Notwendigkeit zur weiteren Differenzierung der Unterscheidung „funktional-integrativ" verdeutlicht werden.

2.1.1 Richtungsweisende Länderpolitik

Parlamentarische Beschlüsse und Initiativen der Landtage bilden weitestgehend eine Grundlage für die Auslegung des dringenden dienstlichen Bedürfnisses der jeweiligen Innenministerien. Hierbei ist die politische Ausrichtung der regierenden Partei richtungsweisend. Anhand zweier Bundesländer könnte eine idealtypologische Dichotomie konstruiert werden, die zwei gegensätzliche politische Tendenzen in Bezug auf die Einstellung von Polizisten mit Migrationshintergrund

aufzeigt. Die Folgende, anhand der Länder Bayern und Nordrhein-Westfalen nachgezeichnet, soll nur ein Beispiel sein, da auch alternative Konstruktionen möglich wären.
Die Ausländer- und Integrationspolitik Bayerns ist nicht zuletzt aufgrund der Initiativen des politisch konservativ ausgerichteten Innenministers Beckstein als restriktiv charakterisierbar. Das Landesministerium des Innern begründet die Einstellung von Migranten in erster Linie mit der notwendigen Erstellung einer neuen Sicherheitskonzeption, in die ausländische Mitbürger miteinbezogen werden müssen, um die polizeiliche Aufklärungsarbeit und Konfliktlösungsfähigkeit sowie die Zeugenbereitschaft zu verbessern. Im Zuge dessen soll auch die soziale Integration von ausländischen Bevölkerungsgruppen gefördert werden, d.h. hier ist intendiert, dass das funktionalistische Ziel zu einer gesellschaftlichen Veränderung führt, wobei eine Definition derer ausbleibt. Auf Grundlage des Leistungsgrundsatzes in Verbindung mit dem dringenden dienstlichen Bedürfnis beabsichtigen Verantwortliche nur in Einzelfällen eine Einstellung von sowohl EU-Ausländern als auch Migranten mit außereuropäischer Nationalität. Bei der Auswahl beruft sich Bayern explizit auf das Wettbewerbsprinzip und schließt damit Sonderregelungen und -rechte für Bewerber ohne deutsche Staatsbürgerschaft aus. In der Antwort auf eine schriftliche Anfrage eines Abgeordneten der SPD zum Thema Integration von Zuwanderern betonte die bayerische Landesregierung kürzlich zwar die Bedeutsamkeit der Anpassungsfähigkeit der öffentlichen Verwaltung auf gesellschaftliche Veränderungen, machte jedoch auch deutlich, dass sich die dazu notwendigen Ressourcen und Kompetenzen aus dem hohen Eignungsgrad der Beschäftigten ergeben. „Insbesondere das hohe Qualifikationsniveau der Beschäftigten des Freistaates Bayern, von denen im Beamtenbereich über 70% einen Hoch- bzw. Fachhochschulabschluss besitzen, ist Garant dafür, dass die öffentliche Aufgabenerfüllung auch künftig von hoher Qualität gekennzeichnet ist [...] Entscheidend hierfür ist nicht die Staatsangehörigkeit der Bewerber, sondern [...] deren Eignung, Befähigung und fachliche Leistung“.[18] Bayern verdeutlicht hiermit eine Haltung, in der das Leistungsprinzip als Garant für Flexibilität und Effektivität in der hoheitlichen Arbeit steht. Dem Leistungsprinzip zufolge muss bei Einstellungsentscheidungen von allen anderen Merkmalen abgesehen werden, die nicht leistungsbezogen sind. Askriptive Merkmale wie Staatsbürgerschaft oder ethnische Herkunft spielen in der Einstellungspolitik für die bayerische Landespolizei somit zumindest offiziell eine eher untergeordnete Rolle.
Als politischer Gegenpol dazu wäre das Land Nordrhein-Westfalen denkbar. Als das Bundesland mit einem der höchsten Anteile von Menschen mit Migrationshintergrund (22,9%)[19] lässt die Landesregierung Nordrhein-Westfalens einige Aktivitäten im Bereich der Integrationspolitik erkennen. Nicht zuletzt sind diese durch die gemäßigtere Sozialpolitik der roten und rot-grünen Landesregierung

[18] Bayerischer Landtag, Drucksache 15/6246.
[19] Landtag Nordrhein-Westfalen, Drucksache 14/2545.

des letzten Jahrzehntes angestoßen worden. Die Initiative des Innenministers Schnoor ist zwar nicht aus einem integrationspolitischen Kontext heraus entstanden, jedoch sind Rekrutierung und Einstellung von Migranten in die nordrhein-westfälische Polizei inzwischen feste Ziele einer beschlossenen, breit angelegten Integrationsoffensive der Landesregierung aus dem Jahr 2001. Das IAF (Institut für Auswahl und Fortbildung der Landespolizei Nordrhein-Westfalen) ist 1997 damit beauftragt worden, eine besondere Konzeption zu entwickeln, „um die Zahl der Beschäftigten mit Migrationshintergrund im Bereich der Polizei des Landes zu erhöhen".[20] Betonungen zur Notwendigkeit der Rekrutierung von Polizisten mit Migrationshintergrund nehmen in erster Linie Bezug auf den demographischen Wandel, die Repräsentation der nordrhein-westfälischen Bevölkerung sowie den damit zusammenhängenden Integrationseffekt für alle Bürger mit Migrationshintergrund und die Erhöhung von Vielfalt zur bürgerorientierteren Polizeiarbeit.[21] Damit behandelt die Landesregierung die Einstellung von ethnisch fremden Polizisten nicht nur im Rahmen von Einzelfallentscheidungen, sondern fordert eine strategische Umsetzung dieser Politik.

2.1.2 Politisch formulierte Quoten als Ausdruck politischer Ausrichtungen?

Differenzen in der Auslegung des dringenden dienstlichen Bedürfnisses zur Einstellung von Migranten in die Polizei können sich in politisch ausgearbeiteten Zielvorgaben niederschlagen. Allerdings haben nur wenige Länder konkrete Vorgaben zur Einstellung von Migranten formuliert. Im Rahmen der Bund-Länder-Abfrage des Projektes MORS[22] hat keines der angeschriebenen Länder die Frage nach jeweiligen Zielformulierungen beantwortet. Nach Lage entsprechender Landtagsdokumente ergibt sich ein etwas differenzierteres Bild. Danach lassen sich zwei wesentliche Tendenzen ausmachen: Zum einen eine Bedarfsorientierung derjenigen Länder, deren Personalentscheidungen an konkrete polizeiliche Bedürfnisse geknüpft sind und dementsprechend keinem konkreten Vorsatz folgen und zum anderen Bundesländer, welche die Einstellung von Migranten neben funktionalistischen Ansprüchen auch als Chance zur gesellschaftlichen Integration proklamieren. Diese sind häufig Stadtstaaten oder Länder mit einem hohen Anteil an Personen mit Migrationshintergrund. Letztere orientieren sich sowohl an Quotenzielen als auch an der Absicht einer sukzessiven Erhöhung, ohne dabei ein bestimmtes Zahlenziel anzustreben.

---

[20] Landtag Nordrhein-Westfalen, Drucksache 13/3688.

[21] Landtag Nordrhein-Westfalen, Drucksachen 13/416 und 14/2417.

[22] Von den angeschriebenen Innenministerien haben Baden-Württemberg, Mecklenburg-Vorpommern, Saarland, Berlin, Sachsen-Anhalt, Hamburg, Bayern, Nordrhein-Westfalen und das Bundesministerium geantwortet.

Entsprechend der oben beschriebenen politischen Zurückhaltung Bayerns, Migranten mit Ausländerstatus in die Länderpolizei rekrutieren zu wollen, strebt der Freistaat eine Einstellung von ausländischen Beamten nur im bedarfsorientierten Einzelfall an. Demnach hat die bayerische Landesregierung bisher keine zielgerichtete Erhöhung von Migranten im öffentlichen Dienst beschlossen.
Der Berliner Innensenator Erhart Körting erklärte dagegen am 18. August 2005: „10 Prozent aller Auszubildenden im Polizeidienst sollen künftig Migranten sein, die türkische, serbokroatische oder arabische Sprachkenntnisse mitbringen".[23] Für Berlin lässt sich mit der Vorauswahl von gewünschten Migrationshintergründen ebenfalls eine polizeiliche Bedarfsorientierung konstatieren, die sich jedoch klarer an der Widerspiegelung der Berliner Bevölkerungsstruktur orientieren möchte. Dieser Gedanke ist fast immer an ein Integrationsziel gekoppelt. Im öffentlich-politischen Diskurs ist die Repräsentation der Bevölkerung in den verschiedenen gesellschaftlichen Institutionen als möglicher Motor für Integration und zunehmender Akzeptanz sowohl der Einheimischen als auch der Bevölkerungsgruppen mit Migrationshintergrund mehrheitlich anerkannt. Eine Vorauswahl, welche sich nach Herkunft und Sprachkompetenz richtet, würde jedoch unter integrationspolitischen Gesichtspunkten auch kritische Betrachtung finden müssen, da sie zunächst der polizeilichen Aufgabenerfüllung dient. Dies steht nicht nur einem Integrationsgedanken grundsätzlich entgegen, da bestimmte Migrantengruppen von vornherein vom Polizeidienst ausgeschlossen bleiben, sondern auch einem realitätsnahen Repräsentationsgedanken, da auch unberücksichtigte Migrantengruppen einen nicht zu vernachlässigenden Anteil der Bevölkerung ausmachen.
Eine Widerspiegelung der Bevölkerungsstruktur wünschen sich auch Verantwortliche in Nordrhein-Westfalen. Allerdings wird hier keine Vorauswahl im Hinblick auf Bevölkerungsgruppen getroffen, mit denen die Polizei am häufigsten in Kontakt kommt. Auch hat die Landesregierung bis heute auf die Formulierung einer Zielquote verzichtet. Stattdessen wird eine sukzessive Erhöhung des Anteils an Migranten mit und ohne Ausländerstatus angestrebt. In einer Drucksache zur Integrationsoffensive aller Fraktionen heißt es: „Wir werden dafür sorgen, dass der Anteil von Polizeibeamtinnen und Polizeibeamten sowie Strafvollzugsbeamtinnen und Strafvollzugsbeamten mit Migrationshintergrund kontinuierlich ausgebaut wird"[24].
Vertreter der Landespolizei Schleswig-Holstein lehnen eine Quotenregelung sogar offen ab, obwohl ihnen von diesen aus polizeitaktischen Gründen effektivitätssteigernde Vorteile bescheinigt werden. Zur Begründung dient hier der Verweis auf die Bestenauslese, deren gesetzliche Grundlage nur ein begründeter Anlass aushebeln kann, um eine Vorauswahl bestimmter Personengruppen treffen zu können. Das Festhalten an den Grundlagen der Bestenauslese und der Gleichbehandlung (vgl. auch Kapitel 3) soll interne Konflikte sowie Bevorzugungs-

---

[23] Abgeordnetenhaus Berlin, Drucksache 15/4233, S. 1.

[24] Landtag Nordrhein-Westfalen, Drucksache 13/1345, S. 13.

und Benachteiligungsgefühle verhindern. Dies spiegelt nur eine Position in der Debatte über die Effekte von Quotenregelungen wider, die im Folgenden zum besseren Verständnis möglicher Problematiken im Rahmen der Rekrutierung von Migranten in den Polizeivollzugsdienst ansatzweise nachgezeichnet werden soll.

2.1.2.1 Exkurs zur gesellschaftspolitischen Bedeutung der Quote

Die Bedeutung und Wirkung von Quoten und Quotenregelungen sind bereits aus der Frauenförderung bekannt und werden immer wieder kritisch diskutiert. Befürworter der speziellen Förderung durch Quoten sehen in ihrer Anwendung die Chance, gezielt Ungleichheiten als Ergebnisse struktureller Diskriminierung auszugleichen. Sie gelten als formale Voraussetzung für die Verschiebung von Machtverhältnissen. Viele Frauen in Führungspositionen der Politik sind sich heute einig, dass ohne die Einführung der sog. Frauenquote die im Grundgesetz verankerte Gleichstellung von Mann und Frau zumindest statistisch nicht annähernd erreicht worden wäre (SÜSSMUTH 1997). Aus gegenteiliger Sicht lässt sich jedoch auch anmerken, dass eine Quotenregelung dem Gleichberechtigungsgebot Art. 3 Abs. 3 GG im Grunde entgegenstehen kann, indem sie Personengruppen aufgrund spezifischer Merkmale bevorzugt behandelt. In diesem Zusammenhang können bei begünstigten Bewerbern Befürchtungen entstehen, dass tatsächliche Qualifikation und Leistungen angezweifelt werden.
Quotierung bedeutet positive Diskriminierung[25] (im engl. „*affirmative action*“), welche ähnlich der negativen Diskriminierung, Vorwürfe und Gefühle der Benachteiligung hervorrufen kann. Insbesondere in einem bisher von Einheimischen dominierten Feld wie dem öffentlichen Dienst besteht die Gefahr des Verdachts auf eine angebliche Bevorzugung „nur“ wegen eines Migrationshintergrundes.[26] Hier wird einer Betonung von Besonderheiten in Verbindung des Begriffes Migrant oder Migrationshintergrund Vorschub geleistet, die ohne Berücksichtigung formalrechtlicher Kriterien, wie z.B. der Staatsbürgerschaft, wenig Inhalt bietet.[27] Die Förderung und Konservierung von Differenzen können negative Konsequenzen sein. Nicht zuletzt sind es häufig die „Bevorzugten“ selbst, welche eine Quote ablehnen, um Begünstigungsvorwürfen entgegenzuwirken und sicher sein zu können, aufgrund der eigenen Leistungen eingestellt worden zu sein. HOLDAWAY

---

[25] Unter positiver Diskriminierung ist eine bewusste Bevorzugung von Mitgliedern einer Gruppe zum Ausgleich von behaupteten oder tatsächlichen Nachteilen zu verstehen. Ein Beispiel ist die Bevorzugung von Frauen am Arbeitsmarkt, die gleiche Qualifikationen wie Männer aufweisen.

[26] BLOM (2005b) beschreibt dies als besonderen Effekt des Tokenism. Im Rahmen dieses Ansatzes sind Token als Mitglieder einer Minderheitengruppe definiert, die sich im Umfeld einer Mehrheitsgruppe bewegen (vgl. Kapitel 5.2.1.2).

[27] Eine kritische Auseinandersetzung zur Verwendung der Begriffe Migranten und Migrationshintergrund wird in Kapitel 2.1.2.2 vorgenommen.

(1996) konstatiert dies für Schwarze und Bewerber asiatischer Herkunft in Großbritannien, auch alle Interviewpartner im Rahmen des MORS-Projektes lehnen für sich die Rolle eines „Quoten-Polizisten“ strikt ab.

Die bloße Erfüllung einer Quote kann einem Integrationsanspruch insofern zuwiderlaufen, als dass die Möglichkeit der objektiven Erfolgsbeurteilung gegeben ist, welche sich in erster Linie an quantitativen Maßstäben orientiert. Ein Beispiel für diesen Aspekt beschreiben die Erfahrungen der niederländischen Polizei zu Beginn ihrer Bemühungen zur verstärkten Einstellung von Beamten mit Migrationshintergrund. Die niederländische Rekrutierungspolitik war gekennzeichnet durch eine „Fixierung auf Quoten…[welche]…überproportionales Interesse auf sich gezogen [hat]. Dadurch wurde die Aufmerksamkeit einseitig in die Richtung der Suche und Einstellung von allochthonen Polizisten gelenkt“ (BLOM 2005b, S. 22). Qualitative interne Maßnahmen der Organisation zur Vorbereitung und Qualifizierung der Aufnahme ethnisch fremder Personengruppen blieben dabei vernachlässigt. Somit verzeichnete die niederländische Polizei zwar kurzfristig sichtbare Erfolge in der Erhöhung des Anteils von Polizisten mit Migrationshintergrund, jedoch kam es zu einer bemerkenswerten Zunahme von Ressentiments einheimischer Polizisten gegenüber ethnisch fremden Kollegen, was eine hohe Ausstiegsquote dieser zur Folge hatte.

In Großbritannien und den USA ist der Diskurs um die Erfüllung der Quote dagegen von der Überzeugung positiver Effekte auf die Rekrutierung von ethnischen Minoritäten geprägt. HOLDAWAY (1991) bezeichnet die Formulierung von Quotenzielen als zentralsten Bestandteil einer erfolgreichen Rekrutierungspolitik und leitet diese Feststellung aus den Erfahrungen von Polizeiorganisationen in den USA und Großbritannien ab. Ein wesentlicher Zusammenhang bestünde zwischen der Quote und der Bereitschaft zur Veränderung von Einstellungsvoraussetzungen im Sinne einer *„affirmative action“*. „Evidence from American research about ethnic minority recruitment to the police indicates that changes in recruitment patterns were and still are made possible by the setting of a hiring quota” (EBD., S. 14). Um die oben beschriebenen negativen Konsequenzen zu vermeiden, sollte seiner Meinung nach eine entsprechende Rekrutierungspolitik für Organisationsmitglieder und die Bevölkerung so transparent wie möglich gestaltet werden, indem Polizeipräsidenten und andere hochrangige Verantwortliche Maßnahmen und Ziele klar formulieren.

2.1.2.2 Exkurs zum Migrantenbegriff als Containermodell

Im vorangegangenen Abschnitt ist bereits kritisch auf die Verwendung des Migrantenbegriffs als Zuschreibungsmerkmal hingewiesen worden. Eine Differenzierung der mit dem Begriff zusammenhängenden Aspekte wird im Folgenden in groben Zügen vorgenommen. Um ein vollständiges Bild bezüglich der Einstellungen von Bewerbern mit Migrationshintergrund wiedergeben zu können,

wäre eine differenzierte Erfassung von herkunftsspezifischen Daten erforderlich. Dazu ist kritisch anzumerken, dass zwar herkunftsdifferenzierte Sozialdaten, etwa für eine Evaluation von politischen Maßgaben und aus deren Konsequenz heraus getroffene Maßnahmen, unerlässlich wären. Für eine gleichbehandelnde Integrationspolitik kann jedoch eine Unterscheidung, welche sich von formalrechtlichen Kriterien abhebt, eine Gleichbehandlung von Statusdeutschen konterkarieren. Es werden Unterschiede zwischen Deutschen ohne Migrationshintergrund und Deutschen mit Migrationshintergrund vorausgesetzt. Dies kann zumindest die Vorstellung über Differenzen von Menschen unterschiedlicher ethnischer Herkunft fixieren. Aus diesem Grund vermeiden es z.B. die meisten deutschen Kommunen, ihre Wohnbevölkerung nach Deutschen und Aussiedlern zu differenzieren. Für manche Demographen existiert der Begriff Migrant erst gar nicht, denn Migration gibt es streng genommen bereits seit Jahrtausenden. Würde man lange genug zurückblicken, wären vermutlich alle unsere Vorfahren einem Migrantenstatus zuzuordnen. Dementsprechend liegen die Länderpolizeien, welche nur Beamte nach § 4 des Beamtenrechtsrahmengesetzes (BRRG) statistisch als Migranten erfassen, also diejenigen ohne deutsche Staatsbürgerschaft, zumindest aus einer bürokratischen Logik heraus nicht ganz falsch. Politisch betrachtet erscheint es jedoch erstaunlich, dass die Polizei insgesamt sehr restriktiv mit Erhebungen umgeht. Viele Verantwortliche klagen über Anfragen aus dem politischen Raum bezüglich der Zahl von Migranten in der Polizei. Es wäre nahe liegend, diese Zahl dadurch zu erhöhen, indem man neben der Staatsbürgerschaft weitere Kriterien berücksichtigt.
Andererseits können ungeachtet dessen dort, wo rechtlich keine Unterschiede bestehen, auf der subjektiven Ebene Menschen mit ethnisch anderer Herkunft fremd erscheinen, wenn z.B. Habitusformen durch eine abweichende alltägliche Lebensordnung dominant wirken, sowie sich Selbst- und Fremdzuschreibung auf Andersartigkeit bezieht. Von dieser Betrachtungsebene aus könnten Probleme auftreten, welche im Rahmen der vorliegenden Forschungsfrage von Relevanz sein dürften. Subjektive Wahrnehmungen sind jedoch unabhängig von formalen Zuschreibungen und finden durch sie allenfalls negative Verstärkung. Perzeption stellt die Quelle für Ethnizität dar, die dabei keine personale Eigenschaft beschreibt, sondern eine instrumentalisierbare, situationsabhängige soziale Konstruktion bildet, die als Ressource zur Ausübung der Macht in unterschiedlichen sozialen Kontexten nutzbar gemacht werden kann (BUKOW 1996, GROENEMEYER 2003). Ein feststehender Begriff wie Migrationshintergrund setzt generelle Gemeinsamkeiten derjenigen voraus, die unter diesem Kriterium zusammengefasst werden. Die formelle Staatsbürgerschaft besitzt im Gegensatz dazu eine ähnliche Wirkung, indem sie Gleichheit generieren soll. MARSHALL (1992) schreibt dazu: „Der Staatsbürgerstatus setzt eine Bindung (...) voraus, ein unmittelbares Gefühl der Mitgliedschaft in einer Gesellschaft auf der Grundlage der Loyalität gegenüber einer Kultur, die von allen geteilt wird“ (EBD. 1992, zitiert nach NASSEHI/SCHROER 1999 S. 97). Auf der Ebene der Wahrnehmung existieren diese Gemeinschaften jedoch nicht. Fremdwahrnehmungen von Migranten von Seiten Einheimischer sind

vielmehr differenziert. Personen, die z.B. im Zuge der Gastarbeiteranwerbung nach Deutschland immigrierten, „werden aufgrund ihrer generationenübergreifenden Langansässigkeit in ihrer lebensweltlichen Ordnung als etablierter (oder angepasster) wahrgenommen als Migranten, deren Aufenthaltsdauer kürzer ist oder deren alltägliche Lebensführung stärker abzuweichen scheint" (HUNOLD 2005, S. 310). Neben der Dauer des Aufenthaltes sind der Erwerb der Sprachkompetenz und die Anpassung an die Ordnung der aufnehmenden Gesellschaft von hoher Bedeutung für eine Verschiebung oder Verringerung der ethnischen Grenzziehung. Eine stärkere ethnische Grenzziehung dürfte zu Migranten bestehen, deren Aufenthalt in Deutschland relativ kurz ist und/oder deren lebensweltliche Ordnung stärker von der der Einheimischen abweicht, z.B. wenn Sprachkompetenzen geringer sind oder äußere Merkmale (z.B. Kopftuch) häufiger selektiv als abweichend wahrgenommen werden. Äußere Merkmale, wie Hautfarbe oder Kleidung, sind gut wahrnehmbar und dienen deshalb nach ESSER (1996) vorzugsweise als abgrenzende Kriterien im Alltag, um die eigene oder fremde Gruppe besser zu identifizieren. In diesem Zusammenhang bleibt es fraglich, inwiefern tatsächlich eine herkunftsdifferenzierte Kategorisierung von Polizisten vorgenommen werden sollte.
Bei der Frage danach, warum Migranten für den deutschen Polizeidienst rekrutiert werden sollen, besitzt nach bisherigem Diskussionsstand die Funktion des sog. „Kulturscouts" Relevanz. Anzunehmen wäre hier, dass nicht die Kenntnisse der Kultur ihres Herkunftslandes von zentraler Bedeutung für die polizeiliche Arbeit sind, sondern vielmehr eine gewisse Vertrautheit mit „ihrer" Subkultur in Deutschland. Dabei wären zusätzliche Sprachkenntnisse zwar von Vorteil, diese müssten jedoch nicht zwingend einwandfrei sein. Auch würde die Staatsangehörigkeit weiter an Gewicht verlieren. Im alltäglichen Umgang mit ethnisch fremden Bevölkerungsgruppen erscheinen Kenntnisse über spezifische Bräuche, Traditionen, Familienkonstellationen sowie religiöse Anschauungen von gewisser Relevanz. Für eine innerpolizeiliche Nutzung solcher Ressourcen bedürfte es jedoch keiner formalen Erfassung von „Zusatzqualitäten/-kenntnissen". Formelle Erhebungen, z.B. für wissenschaftliche oder projektbegleitende Evaluationen, könnten zudem auf weniger stigmatisierende Kennzeichen wie zusätzliche sprachliche Qualifikationen (Zweit- oder Muttersprache) zurückgreifen.

2.2 Anwerbung – Strategien zur Erhöhung des Migrantenanteils

Im Bereich der Anwerbung lassen sich zumindest für die Vergangenheit kaum länderabhängig differenzierbare Anwerbestrategien ausmachen. In Bayern wurde über lange Zeit eine auf Reaktion ausgerichtete Informationspolitik betrieben, indem Arbeitsämter und Einstellungsberater der Polizei auf den Bedarf an ausländischen Polizisten hingewiesen sowie polizeiliche Flyer mit der Angabe erweitert wurden, dass Interesse an der Bewerbung von Migranten ohne deutsche Staatsbürgerschaft besteht.[28] Diese Form der Anwerbung war zumindest bis 1994 in fast allen Bundesländern Standard. Lediglich Hamburg führte bereits sehr früh einen Beamten als Einstellungsberater ein, „um gezielt Ausländer und Ausländerinnen anzuwerben, zu beraten und gegebenenfalls zu betreuen" (FRANZKE 1999, S. 110). Im Anschluss an die Änderungen der gesetzlichen Bestimmungen aus den Jahren 1993/1994 gaben zwar die meisten Vertreter der verschiedenen Länderpolizeien an, als Konsequenz besondere Konzepte zur verstärkten Anwerbung von Migranten entwickelt zu haben, diese sind jedoch in der Regel als passive Medienpolitik definierbar. Berlin, Baden-Württemberg, Bremen, Hamburg, Niedersachsen und NRW legten den Schwerpunkt auf eine Informationsvermittlung mittels Presseveröffentlichungen, Werbebroschüren, Aushängen und Anzeigen. In einzelnen Fällen (Berlin, Hamburg) waren hierbei fremdsprachige und ausländische Medien miteinbezogen (z.B. Hürriyet).

Heute sind einige Länder zu einer aktiveren Anwerbepolitik übergegangen. So verfolgt die Arbeit der Einstellungsberater in einigen Ländern eine als progressiv interpretierbare Strategie. Insbesondere in NRW, Berlin und Hamburg gehört dies zum Kern des Anwerbekonzeptes. Seine innovative Funktion wird darin deutlich, dass er nicht nur auf Interessenten reagiert, sondern aktiv auf entsprechenden Veranstaltungen und in Organisationen um Migranten wirbt sowie diese im Bedarfsfall auch berät. Weiterhin ist die Zusammenarbeit von staatlichen Einrichtungen und Nichtregierungsorganisationen (NGO's) anzuführen. Wenngleich die Zusammenarbeit mit den Arbeitsämtern in den meisten Bundesländern auf einer reaktiven Informationspolitik beruht, existieren auch andere Arbeitsformen. In Berlin konzipierten die Landesagentur für Arbeit, der Türkische-Bund-Brandenburg (TBB) und der Polizeipräsident eine gemeinsame Maßnahme zur besonderen Rekrutierung und Förderung von türkischen Jugendlichen. Aufgrund der informellen Vernetzung des TBB mit der türkischen Gemeinde in Berlin wurden hier bislang gezielt türkische Jugendliche für Maßnahmen der Arbeitsagentur geworben.

Der Schwerpunkt der meisten Länderpolizeien liegt jedoch heute noch immer auf einer passiven Anwerbepolitik. Eine Teilantwort der hessischen Landeregierung zur kleinen schriftlichen Anfrage der Abgeordneten Zeimetz-Lorz, Rhein, Beuth und Klein (CDU) vom 18.09.2002 bezüglich der Integration von Ausländern in den Polizeidienst gibt diese Politik anschaulich wieder. Auf die Frage, welche Maßnahmen die Landesregierung ergreift, um die Zahl der Polizeibeamten mit Migrationshintergrund zu erhöhen, antwortet Volker Bouffier, der Minister des Innern und für Sport: „Die Bewerberinformationen, die mit unterschiedlichen Medien verbreitet werden, beinhalten entsprechende Hinweise an Bewerberinnen und Bewerber ausländischer Herkunft. Daneben sind gezielte Aktionen der Hessischen Polizeischule sowie der Einstellungsberater bei den Polizeipräsidien

[28] Bayrischer Landtag, Drucksache 13/10156.

möglich. Verstärkt berücksichtigt werden Arbeitsämter und Berufsberatungen als „Vertriebsweg" der zielgruppenorientierten Werbeinformationen".[29]
In einer Arbeitsgruppe der 2. Good-Practice-Konferenz[30] im Rahmen des Projektes MORS ging es um den Austausch von Erfahrungen im Hinblick auf die Anwerbestrategien der einzelnen Länder. Dabei verdeutlichten sich zwei zentrale Erklärungsansätze für zurückhaltende Vorgehensweisen. So konstatierte der Verantwortliche für Werbung und Auswahl der Landespolizei Nordrhein-Westfalen zum einen, dass zwar eine politische und öffentlichkeitswirksame Forderung zur Erhöhung des Anteils an Migranten in der Polizei bestehe, jedoch das Innenministerium keine zusätzlichen finanziellen Mittel für veränderte Werbestrategien vorsehe. Diese Diskrepanz kann Ausdruck einer symbolischen Politik sein, innerhalb derer integrationspolitische Forderungen bezüglich der Einstellung von Polizisten mit Migrationshintergrund nicht über symbolische Effekte hinausgehen (vgl. Kapitel 2.4). Zum anderen herrscht im Allgemeinen die polizeiinterne Auffassung, dass diejenigen, die zur Polizei wollen, auch ohne besondere Aktivierung kommen. Begründet wird die defensive Haltung im Rekrutierungsverhalten mit dem generell hohen Bewerberaufkommen von sowohl einheimischen als auch inzwischen migrantischen Bewerbern[31].

2.3 Geringe Anteile an Beamten mit Migrationshintergrund? – Eine Frage der Erhebungskriterien

Nicht zuletzt dürften sich alle Anstrengungen oder Nichtanstrengungen auf politischer und organisationsbezogener Ebene in mehr oder weniger objektiv nachvollziehbaren Ergebnissen niederschlagen. Zahlen darüber, welche Anteile Personen mit Migrationshintergrund in der deutschen Polizei ausmachen, sind jedoch kaum feststellbar. Dies liegt zum einen an der polizeilichen Definition des Migrantenbegriffes, zum anderen an der Erhebungspraxis der Organisation der deutschen Polizei im Hinblick auf die sozial-ökonomischen Daten ihrer Mitglieder.

---

[29] Hessischer Landtag, Drucksache 15/4259, S. 2.

[30] Good-Practice-Konferenzen fanden im Rahmen des Projektes MORS zum Austausch von Erfahrungswissen verschiedener Praktiker und Wissenschaftler aus den Niederlanden, Belgien und Großbritannien statt. Die 2. Konferenz dieser Art wurde zweitägig an der Polizei-Führungsakademie in Münster-Hiltrup durchgeführt. Teilnehmer waren in erster Linie deutsche Polizeipraktiker aus verschiedenen Landespolizeien, die sich mit Auswahl und Rekrutierung von Migranten befassen.

[31] Wobei die Anzahl der Bewerbungen nichts über Eignungsbeurteilungen aussagt. Bei migrantischen Bewerbern und Bewerberinnen ist nach Auskunft der Werbe- und Einstellungsstelle beim Institut für Aus- und Fortbildung der Polizei (IAF) in NRW der Prozentsatz der nicht geeigneten Personen signifikant höher als bei einheimischen Bewerbern und Bewerberinnen.

Außer der Nationalität werden keine weiteren herkunftsbezogenen Differenzierungskriterien erfasst, was eine Unterscheidung von Deutschen mit Migrationshintergrund und Deutschen ohne Migrationshintergrund unmöglich macht. Die länderabhängige und häufig undifferenzierte polizeiinterne Definition des Migrantenbegriffs bietet ebenso wenig Transparenz im Hinblick auf ethnische Verschiedenheiten. Diejenigen Bundesländer, über welche Differenzierungskriterien bekannt sind, unterscheiden i.d.R. nach Statusdeutschen im Sinne des Art. 116 GG und Beamten ausländischer Staatsbürgerschaft.[32] Dementsprechend ist der Begriff des Migranten hier formal aus der polizeilichen Amtssprache ausgenommen. Eine einzige nachweisliche und zugleich kritische Erklärung für die Uneindeutigkeit oder gar Nichtverwendung des Begriffs innerhalb der Organisation der Polizei gibt ein internes Papier der Behördenleitertagung in NRW wieder, in dem auf die Inkongruenz von Selbst- und Fremdwahrnehmung verwiesen wird.
Anders ist es an der Peripherie der Organisation. Das IAF in Nordrhein-Westfalen fasst beispielsweise Bewerber und Bewerberinnen unter diesen Begriff, wenn sie keine deutsche Staatsbürgerschaft besitzen, ehemals eine andere Nationalität hatten, ausländische Eltern oder einen ausländischen Elternteil haben oder Spätaussiedler sind. Für die Bundesländer, welche derart verfahren, sind die Zahlen der Auszubildenden somit am verlässlichsten. In Berlin wurden beispielsweise im Zeitraum zwischen 1999 und 2002 von insgesamt 2.688 Polizeianwärtern 29 Migranten ohne deutsche Staatsbürgerschaft eingestellt, davon waren zehn türkischer Herkunft. Zu der inzwischen verbreiteten Differenzierung von Ausbildungszahlen in den jeweiligen Länderpolizeien bleibt kritisch anzumerken, dass diese zwar einer „Überwachung" von Rekrutierungszielen zuträglich sein kann, jedoch bleiben Informationen über nachhaltige Integrationseffekte aus.
Die folgende Tabelle gibt im Wesentlichen die Entwicklungen der Einstellungen von Migranten ohne deutsche Staatsbürgerschaft auf der Grundlage der Übersicht von MAGUER (2002), Landtagsdokumenten sowie der Bund-Länder-Abfrage im Rahmen des Projektes MORS wieder. Die Angaben von 1993-2000 beziehen sich auf Einstellungen von Polizisten ohne deutsche Staatsbürgerschaft. Aktuellere Zahlen konnten stellenweise um Informationen zu Anteilen deutscher Polizisten mit Migrationshintergrund erweitert werden.

[32] Hierunter fallen Berlin, Baden-Württemberg, Mecklenburg-Vorpommern, Saarland, Sachsen-Anhalt und Bayern. Hamburg und NRW differenzieren entsprechend des Mikrozensus des Statistischen Bundesamtes.

Tabelle 1: Entwicklung der Einstellung von Beamten mit Migrationshintergrund in den Bundesländern

Länder	1993-1995	1996-1998	1999-2000	Informationsstand 2006[33]	PVB[34] gesamt	Ausländische/ MH-Beamte in %
Baden-Württemberg	25	16	14	***Im Dienst: 84*** Seit 1993 ***130*** Bewerber mit ausl. Staatsbürgerschaft ***eingestellt***,	25.885	0,32%
Bayern	7	8	11	Seit 1993 wurden insgesamt ***90*** Ausländer für den Polizeivollzugsdienst ***ausgebildet*** (keine Informationen über den weiteren Verbleib)	ca. 32.000	Unbek.
Berlin	66	Unbek.	*8*[35]	20 Ausländer im Jahr 2001, 1 Ausländer im Jahr 2002[36] ***eingestellt*** (von 2003 und 2005 Einstellungsstopp, zw. 2006-2008 7% Personen mit MH eingestellt.)	Unbek.	ca. 1,5% (MH)[37]
Brandenburg	20 Ausländer/ 38 MH[38]		Unbek.	Unbek.	Unbek.	Unbek.
Bremen	2	*1*[39]	Unbek.	***Im Dienst: 31*** Personen mit Migrationshintergrund 2006 ***5*** Personen mit MH ***eingestellt***.[40]	ca. 2420	1,3 (MH)
Hamburg	1	Unbek.	Unbek.	***Derzeit im Dienst: 149*** (26 ohne und 123 mit deutscher Staatsbürgerschaft)	8101	1,83 (MH)

33 Aktuelle Zahlen stammen alle aus dem Jahr 2006. Da alle Angaben auf unterschiedlichen Stichtagen basieren, bezeichnen die Prozentanteile der Polizisten mit Migrationshintergrund nur ungefähre Angaben. Informationen ohne gesonderte Kennzeichnung stammen aus der Länderabfrage im Rahmen des Projektes MORS, Stand 09/2006.

34 Polizeivollzugsbeamte

35 Abgeordnetenhaus Berlin, Drucksache 15/11190.

36 Abgeordnetenhaus Berlin, Drucksache 15/280.

37 Polizei Berlin

38 Landtag Brandenburg, Drucksache 2/6085.

39 Bremische Bürgerschaft, Drucksache 14/397.

40 Werbe- und Einstellungsstelle der Landespolizei Bremen.

Hessen	7	81		Mit Stichtag 20.08.2002 ***im Dienst*: *45*** (16 Binationale, 29 mit ausl. Staatsbürgerschaft)[41] 1994-2004: 189 Beamte mit Migrationshintergrund rekrutiert (4,4% aller Einstellungen)[42]	ca. 14.000	0,32
Mecklenburg-Vorpommern	4	7	2	***Im Dienst*: *13*** (6 davon haben nachträglich die deutsche Staatsbürgerschaft angenommen)	6.362	0,20% (MH)
Niedersachsen	4	0	1	Unbek.	ca. 18.500	Unbek.
NRW	46	41	59	(Keine Informationen zu aktuellem Stand, ***Einstellungen*** zwischen 2002 und 2005: ***44*** Ausländer, ***164*** Deutsche mit Migrationshintergrund = insg. 6,9%, Ausländer 1,5%)	Unbek.	Unbek.
Rheinland-Pfalz	18	10	0	Unbek.	9.031	Unbek.
Saarland	1	1	0	***Im Dienst*: *2*** (1 Italiener (Einst. 1994), 1 Türke (Einst. 1997); 5 Personen mit fremder Muttersprache seit 2001 ***eingestellt***	ca. 2.700	ca. 0,07%
Sachsen	0	0	0	***Im Dienst*:** ca. ***5-6*** Personen mit Migrationshintergrund[43]	12.148	0,01% (MH)
Sachsen-Anhalt	0	0	0	***Im Dienst*: *1*** polnischer Staatsbürger	8.090	0,01%
Schleswig-Holstein[44]	7	16	12	***Im Dienst*:** *ca.* ***80*** Weitere ***Einstellungen***: 2001: 9; 2002: 16; 2003: 6; 2004: 6; 2005: 3; 2006: 6.[45]	6.683	1,2% (MH)
Thüringen	0	0	0	Unbek.	Unbek.	Unbek.

[41] Hessischer Landtag 15/4259.

[42] GROß (2005).

[43] Auskunft des Sächsischen Staatsministeriums des Inneren.

[44] Eigene Erhebungen, Zahlen mit Berücksichtigungen von Ausländern und Deutschen mit Migrationshintergrund, Quelle: Werbe- und Einstellungsstelle SH.

[45] Dies ist nur eine ungefähre Angabe, da Beamte nicht nach herkunftsspezifischen Kriterien erfasst werden. Die Daten basieren auf einer informellen Erhebung im Einstellungsverfahren.

Bundespolizei	Unbek.	Unbek.	Unbek.	*Im Dienst: 98* ausländische Polizisten, 309 Polizisten mit ausländischer Herkunft sowie 73 Doppel- und Mehrstaatler	Unbek.	Unbek.

(Quelle: MAGUER 2002, S. 314, eigene Weiterbearbeitung)

Ohne Differenzierung der Einstellungszahlen nach Herkunft, unabhängig von der formalen Staatsbürgerschaft, bleibt diese Übersicht für weitere Betrachtungen wenig aussagekräftig. Grundsätzlich geben die Zahlen keinen Aufschluss über einen tatsächlichen Wandel in der Personalstruktur, da die Verbeamtung von Personen mit Migrationshintergrund schon zuvor möglich war, wenn sie die deutsche Staatsbürgerschaft besaßen (MURCK/WERDES 1996). Für Bremen fallen beispielsweise unter Hinzunahme weiterer Informationsquellen die beiden Personen ausländischer Nationalität, welche zwischen den Jahren 1992 und 1995 eingestellt wurden, im weiteren zeitlichen Verlauf als ausländische Beamte aus der Statistik heraus, da diese bei Übernahme in den Polizeidienst die deutsche Staatsbürgerschaft angenommen haben.[46] Falls die beiden Beamten nicht aus unbekannten Gründen aus dem bremischen Dienst ausgeschieden sind, dürften sie allerdings unter den neueren Daten zu Personen mit Migrationshintergrund wieder zu finden sein. Für Hessen hingegen lassen sich nur Vermutungen zum Verbleib der insgesamt 88 Personen ausländischer Herkunft anstellen, welche zwischen den Jahren 1993 und 2000 eingestellt wurden, denn im Jahr 2002 befinden sich nur noch 47 Ausländer im hessischen Polizeidienst. Am wahrscheinlichsten ist hier wie im Falle Bremens davon auszugehen, dass einige ausländische Beamte im Laufe ihrer Dienstzeit die deutsche Staatsbürgerschaft angenommen haben. Denkbar wäre zudem der Wechsel zu Dienststellen anderer Länderpolizeien. Hinzu kommt schließlich die Möglichkeit des Ausscheidens aus dem Dienst, dessen Relevanz für den deutschen Raum als gering angenommen wird, da bisher empirisch festgestellte Abbruchzahlen niedrig bleiben (BLOM 2005b)[47]. Im Gegensatz zu den Erfahrungen in den Niederlanden, wo „das Problem der hohen Abbruchquote unter allochthonen Polizisten hoch auf der Tagesordnung steht“ (BLOM 2005b, S. 34), scheint dieses Problem in Deutschland nur bedingt zu bestehen.

Betrachtet man die Zahlen in Relation zu der Gesamtstärke der jeweiligen Länderpolizeien, lassen sich zumindest bezüglich ausländischer Beamter kaum bedeutende Quotenunterschiede konstatieren. Als absolute Schlusslichter sind einige

[46] Bremische Bürgerschaft, Drucksache 14/397.

[47] Wobei es hierzu ebenso wenig verlässliche Erhebungen gibt wie bezüglich der Anteile von MH-Beamten. BLOM (2005b) bezieht sich auf Daten seiner Bund-Länder-Abfrage, in der sich nur sieben Bundesländer auf die Frage nach den Abbruchquoten geäußert haben und vier davon aufgrund fehlender Daten lediglich Angaben zur Ausbildungszeit machen konnten.

der ostdeutschen Bundesländer einzuordnen. Sachsen-Anhalts Länderpolizei verzeichnet mit einem ausländischen Beamten noch nicht einmal 0,01%. Dies ist damit zu erklären, dass Sachsen, Sachsen-Anhalt und Thüringen nach den Änderungen der gesetzlichen Bestimmungen eine Einstellung von Ausländern in den öffentlichen Dienst ablehnten. Begründet wurde dies im Zusammenhang mit dem allgemein geringen Anteil an Ausländern in der Bevölkerung sowie der Befürchtung, der Umbau sowie die Manifestation der „neuen" Polizeiorganisationskultur könne unter erneuten Veränderungen leiden. Zudem sahen diese Bundesländer aufgrund der besonderen sozioökonomischen Lage der Bevölkerung in Ostdeutschland eine innere und äußere Akzeptanz von Polizisten mit Migrationshintergrund gefährdet (MAGUER 2002). Das Saarland ist dagegen mit 0,07% Polizisten ausländischer Nationalität unter den westdeutschen Ländern auf dem letzten Platz anzusiedeln. In einem etwas größeren Mittelfeld bewegen sich u.a. Baden-Württemberg, Hessen und Mecklenburg-Vorpommern. Hier machen Polizisten mit ausländischer Staatsbürgerschaft je ca. 0,2% der gesamten Belegschaft aus. Kaum mehr ausländische Polizisten können die Vorreiter in Sachen politischer Initiativen und Anwerbung verzeichnen. In Hamburg leisten beispielsweise ca. 0,32% Beamte mit ausländischer Staatsbürgerschaft ihren Dienst. Der Blick auf deutsche Polizisten mit Migrationshintergrund ergibt ein etwas anderes Bild, das jedoch aufgrund seiner Unvollständigkeit keinen Eingang in eine abschließende Bewertung finden kann. Es lässt sich knapp anmerken, dass Hamburg ca. 2% Polizisten mit Migrationshintergrund, Berlin ca. 1,5% sowie Bremen und Schleswig-Holstein jeweils ca. 1,2% beschäftigen. Aus Nordrhein-Westfalen sind bisher nur Angaben über die prozentualen Einstellungen bekannt (NRW von 2002-2005: 6,9%).

2.4 Eine Kluft zwischen Politik und Organisationsrealität – Eine Frage integrationspolitischer Leitmotive?

Bis zur Betrachtung der relativen Anteile von Migranten in den deutschen Länderpolizeien schien es, als wäre eine Diskrepanz zwischen politischem Integrationswillen sowie organisationsbezogene Integrationsfähigkeit generell nicht proklamierbar. Diejenigen Länder, deren dringendes dienstliches Bedürfnis vorwiegend polizeistrategischer Natur zu sein scheint, lassen auch weniger Anstrengungen in Bezug auf veränderte Werbe- und Rekrutierungsstrategien erkennen. Das Ziel einer signifikanten Erhöhung ist hier i.d.R. nicht formuliert. Dementsprechend scheint die Realität der Organisation politischen Forderungen unerheblich entgegenzustehen. Daneben kann möglicherweise ein gewisser Integrations- und Repräsentationsanspruch in der politischen Diskussion anderer Länder zumindest ansatzweise die Bereitschaft zur Veränderung des bisherigen organisationspraktischen Rahmens steuern, wobei alternative Rekrutierungsstrategien nur vereinzelt Verwendung finden. Grundsätzlich scheint der Wille zur Reform trotzdem zunächst nur externe, also die Umwelt betreffende Umgestaltungen zu berühren, denn eine signifikante Zunahme an Personen der neuen Zielgruppe gegenüber anderen Bundesländern ist, immer mit kritischem Blick auf die Verwendbarkeit der Daten, nicht festzustellen. Spätestens jetzt stellt sich die Frage nach den Ursachen geringer Anteile von MH-Beamten sogar in Ländern, welche die Initiative der Innenministerkonferenz (IMK) von Beginn an verfolgt, sie politisch immer wieder zum Thema gemacht und dennoch nach 13 Jahren kaum besondere Erfolge zu verzeichnen haben. Für diese Bundesländer scheint zumindest vor dem Hintergrund des bisher Gesagten eine Kluft zwischen politischem Anspruch und Organisationsrealität zu existieren, denn weder sind (Quoten-)Ziele annähernd erreicht worden, noch hat eine sukzessive Erhöhung des Anteils migrantischer Polizisten stattgefunden. In NRW gehen die Anteile der eingestellten Polizisten mit Migrationshintergrund seit 2002 sogar nachweislich zurück. Von einer Repräsentation der Bevölkerungsstruktur ist man außerdem weit entfernt. Auch hier dient NRW als Bundesland mit dem höchsten Anteil an ausländischer Bevölkerung als anschauliches Beispiel. Hier leben über 2 Millionen Ausländer, das entspricht ca. 11 Prozent der Landesgesamtbevölkerung. In der Landespolizei dürfte der Anteil von Polizisten mit ausländischer Nationalität nicht annähernd an diese Zahl heranreichen.

Welche Erklärungen können nun dafür herangezogen werden, dass Innovation, Kreativität und Reformwille selbst in Ländern, die die Integrationsfrage „liberaler" gestalten, auf einem niedrigen Niveau bleiben? Ein Vergleich zwischen den Niederlanden und Deutschland richtet das Augenmerk zunächst auf einen möglichen Zusammenhang zwischen den vorgefundenen Diskrepanzen und der Bedeutung der integrationspolitischen Ausrichtung für den Erfolg gesellschaftlich-institutioneller Integration. Auf den ersten Blick scheint die niederländische Polizei zunächst erfolgreicher bei der Erhöhung des Anteils migrantischer Polizisten zu sein. 1990 arbeiteten beispielsweise bereits knapp 5%[48] Beamte mit Migrationshintergrund in der niederländischen Polizei. Betrachtet man die entsprechenden Entwicklungen in den Niederlanden, fallen einige Unterschiede im Vergleich zur deutschen Polizei ins Gewicht. Diese müssen natürlich vor dem Hintergrund der Differenzen bezüglich gesellschaftspolitischer Zusammenhänge, der Zuwanderungspolitik und der Rechtslage relativiert werden.

Die niederländische Regierung fordert seit 1985 eine aktive Anwerbung von Migranten. Diese Forderung ist eingebettet in ein nationales Gesamtkonzept, die Integration von ethnischen Minoritäten in die niederländische Gesellschaft zu fördern. Eine aktive Rekrutierung von Bewerbern mit Migrationshintergrund entstand aus der Erkenntnis heraus, dass sich die niederländische Gesellschaft zu einer Multikultur entwickle und die Polizei diese Gesellschaft widerspiegeln müsse. Ein weiterer Antriebsmotor war der Wunsch nach mehr Identifikation der Bürger mit der Polizei, um die Akzeptanz der Organisation zu steigern. Angehörige

---

[48] Vortrag von Prof. Cyrille Fijnout auf der ersten Good-Practice-Konferenz am 07.04.2006.

ethnischer Minderheiten sollten stolz auf Familienmitglieder sein, welche den niederländischen Polizeiberuf ausüben (VAN GILS 1995). Als Konsequenz dieser Ansprüche und zunehmender ethnisch begründeter Konflikte zwischen Polizei und Bevölkerung entwickelte sich ein massiver politischer Druck, Allochthone in die Organisation der Polizei zu integrieren. Der Polizei wurde eine politische Vorzeigefunktion für die Bereiche Akzeptanz und Integration zugesprochen. Mit der Multikulturalisierung sollte eine neue Legitimität für Polizei geschaffen und bestärkt werden, um ihre Arbeit u.a. effektiver gestalten zu können. Das langfristige Ziel war es, flexiblere Anpassungsmöglichkeiten der Organisation an neue gesellschaftliche Herausforderungen zu schaffen, um so auf präventivem Wege möglichen Konflikten und Bedrohungen begegnen zu können. Schließlich entsprach die Integrationsoffensive innerhalb der Polizei demographischen Veränderungen und den daraus folgenden Konsequenzen für die Nachwuchsrekrutierung. Der Erkenntnis, dass der Bevölkerungsanteil mit Migrationshintergrund sich stetig vergrößern wird, folgte die Einsicht, diese Bevölkerungsgruppen frühzeitig für den Polizeidienst zu gewinnen, um den Bestand der Organisation zu sichern.
Entgegen den Entwicklungen in den Niederlanden scheint nach BLOM (2005b) in Deutschland vielmehr das Thema kulturelle Öffnung einen gewissen Stellenwert im polizeilichen und politischen Diskurs einzunehmen. Allerdings sind es bisher nur wenige Polizeieinrichtungen, welche diese Diskussion als Organisationskonzept aufgreifen. Wie in allen anderen Bereichen zeigen hier auch wieder die Länderpolizeien Hamburg, Berlin, Bremen und NRW die meisten Aktivitäten. Ein Interview mit einem Polizeihauptkommissar aus Berlin in der „taz“ verdeutlicht zumindest ein polizeiinternes Verständnis interkultureller Öffnung: Das Bereitstellen von Werbematerial in türkischer Sprache, Aus- und Weiterbildungsangebote für Polizisten und verantwortliche Stellen für Fälle von Diskriminierung.[49] Interkulturelle Öffnung meint hier, wie in vielen anderen deutschen Diskursen bezüglich des Wunsches der kulturellen Verwaltungsöffnung, in erster Linie die Vergrößerung der Beteiligung ausländischstämmiger Bürger, die Förderung des Verständnisses für andere Kulturen und die Vorbeugung von Diskriminierung. BLOM (2005) ist in Anlehnung hieran der Ansicht, dass die Einstellungsbemühungen der deutschen Polizei primär Folgen der Rassismusvorwürfe der 1990er Jahre beschreiben und somit in erster Linie von Vermeidungsstrategien geprägt ist, um neuen Diskriminierungsvorwürfen entgegenzuwirken. Der deutsche Ansatz orientiere sich damit maßgeblich an der gesetzlichen Gleichstellung. Dies beschreibt einen zentralen Unterschied zu den Niederlanden, denn „in der niederländischen Diskussion spielen […] weniger rechtliche als vielmehr soziale und kulturelle [...] Fragen eine Rolle“ (MURCK/WERDES 1996, S. 1295).
Auch deutsche politische und polizeiinterne Diskurse beziehen sich auf die Multikulturalität der Gesellschaft. Ein Unterschied zu den Niederlanden besteht hierin womöglich nicht nur inhaltlich, sondern auch in der strategischen Umsetzung.

---

[49] „taz“: Türken gesucht! Ausg. vom 17.06.2002.

In den Niederlanden ist die Rekrutierung von Migranten eingebettet in ein strategisches gesamtgesellschaftliches Integrationskonzept und folgt einer konsequenten Umsetzung mittels gezielter, langfristig angelegter Maßnahmen sowie eines nationalen Monitoring- und Incentive-Systems.[50] In Deutschland scheint es zumindest bis zum jetzigen Zeitpunkt kaum oder keine strategischen praktischen Handlungen zu geben. Das Konzept der symbolischen Politik (EDELMANN 1990) stellt einen möglichen Erklärungsansatz für die vorgefundenen scheinbaren Diskrepanzen zwischen politischen Proklamationen und tatsächlichen Effekten auf der Organisationsebene in deutschen Polizeiorganisationen dar. Politische Diskurse, Leitbilder und Entscheidungen, die sich auch darauf beziehen, die Arbeit einer Behörde gegen Zweifel der Öffentlichkeit zu legitimieren, z.B. infolge von Diskriminierungsvorwürfen, haben hiernach nicht selten überwiegend symbolische Effekte. EDELMANN geht von einer Dopplung politischer Realität aus, d.h. alle politischen Handlungen sind gekennzeichnet durch eine Trennung in eine instrumentelle (tatsächliche Effekte politischer Handlungen) und eine expressive Dimension (Darstellung der Handlungen für die Öffentlichkeit). Eine Politik der Inszenierung bedient sich politischer Instrumente wie Gesetzgebungen, die Entscheidungshandeln der politischen Macht in erster Linie vortäuschen. Nicht das Gesetz selbst, sondern seine Inszenierung erzeugt den Schein entschlossenen Handelns (MEYER 1992). In diesem Kontext stellen politische Handlungen häufig ein Symbol von Gerechtigkeit dar, wie z.B. die Verfassung, welche die Gleichheit der Geschlechter proklamiert, aber Ungleichheit ermöglicht (vgl. 3). In der Konsequenz bleiben Vorhaben in ihrer verwaltungsmäßigen Umsetzung über lange Perioden wirkungslos, was sich darin äußert, dass die von ihnen beabsichtigten Ziele tatsächlich nicht erreicht wurden. „Der Unterschied zwischen einem Gesetz, dessen Wirksamkeit zielstrebig organisiert, aber nur bedingt erreicht wird, und einem, das an die Stelle zielstrebiger Praxis tritt, ist gleichwohl offenkundig" (MEYER 1992, S. 178). Der Wert für die Betroffenen bleibt dann vornehmlich ideell, indem Vorteile „häufig nicht so zuteil [werden], wie die einschlägigen Bestimmungen und die propagandistischen Bekundungen, die sie begleiten, in Aussicht gestellt haben" (EDELMANN 1990, S. 23).

Inhaltlich unterscheiden sich hiesige Multikulturalisierungsdiskurse von denen in den Niederlanden weiterhin dahingehend, dass dieser Begriff nur implizite Verwendung findet. Vielmehr nehmen innerpolizeiliche Diskurse durch die Formulierung des Anspruchs der Verbesserung der Vertrauensbildung zur ethnisch fremden Bevölkerung sowie der verbesserten Abbildung der Gesellschaft darauf

---

[50] Vortrag von Prof. Cyrille Fijnout auf der ersten Good-Practice-Konferenz am 07.04.2006. Das Monitoring wird mittels 36 verschiedener Kriterien durchgeführt, die das Diversitätsniveau (hier geht es also nicht nur um die Integration von Migranten, sondern auch um andere benachteiligte Personengruppen) in den einzelnen Polizeiorganisationen wiedergeben sollen. Dabei ist von jeder Organisation ein gewisser Standard zu erreichen. Fällt dieser schlechter aus, werden die öffentlichen Mittel für die entsprechenden Behörden gekürzt. Die „besten" Polizeieinrichtungen bekommen dagegen finanzielle Vorteile.

Bezug. Die in diesem Kapitel beschriebenen Deutungsmuster der Organisation zielen meist jedoch nicht darauf ab, die interne Vielfalt der Organisation zu erhöhen, um sie der gesellschaftlichen Vielfalt anzugleichen. Vielmehr wird damit eine Erhöhung der Wissensbestände innerhalb der Organisation angestrebt, welche jedoch mit der internen Akzeptanz, Anerkennung und Förderung von Vielfalt nicht viel gemein hat. Deshalb müssen ethnisch fremde Polizisten in Deutschland den einheimischen Kollegen „ähnlicher" werden als in den Niederlanden, was durch die Berufung auf den Gleichbehandlungsgrundsatz auch sichergestellt wird (BLOM 2005b). Der entscheidende Unterschied zur niederländischen Polizei besteht darin, „dass die Einstellung von allochthonen Polizisten nicht als eine Möglichkeit zu Kulturveränderungen innerhalb der Organisation gesehen wird" (EBD. 2005, S. 42), um die externe Arbeit zu verbessern, sondern primär eine nach Bedarf orientierte, punktuelle Abschöpfung von kulturellem Hintergrundwissen stattfindet. Dies hält den Druck zu organisationsinternen Veränderungen gering.
Aufgrund der unterschiedlichen Entwicklungen in den beiden Ländern sind nach bisherigen Erkenntnissen (BLOM 2005b, MORS) aus organisationstheoretischer Sicht zwei Grundpositionen[51] im Umgang mit der Integrationsfrage durch die Polizei möglich (HUNOLD/BEHR 2007):

1. Die Position der *kulturellen Dominanz* der Organisation: Sie geht von einer assimilationsmächtigen bzw. prinzipiell integrationsfähigen Organisationskultur aus. Die Organisation nimmt sich zum Maßstab, alle gleich zu behandeln, was eine kulturelle Dominanz der Organisation voraussetzt. Sie macht deshalb weder für Frauen noch für Migranten, auch nicht für andere Minderheiten, eine prinzipielle Ausnahme, sondern sorgt dafür, dass ausreichend viele Aspiranten den Zugangscodes der Organisation entsprechen. Diejenigen, die den Zutritt *geschafft* haben, definieren sich durch ihre prinzipielle Gleichheit (mindestens: Ähnlichkeit, d.h. sie betonen das Gemeinsame, nicht das Trennende), nicht durch die Differenz von der Majorität.

2. Die Position der *multikulturellen Organisation*: Diese Entwicklung setzt nicht bei den Individuen an, sondern an der Struktur der Organisation. Sie verändert die Rahmenbedingungen ihrer Arbeit derart, dass sie aufnahmebereit (und aufnahmebedürftig) ist für eine Vielzahl sehr unterschiedlicher Mitglieder. Die Bevölkerung soll sich hinsichtlich des Alters, Geschlechts, der Sexualität, Religion, Rasse, Nationalität, Ethnie etc. in der Polizeiorganisation widerspiegeln. Dafür verändert die Organisation ihre strukturellen Standards (Ausbildungsklima des Personals, Weiterbildung des Managements, Veränderung der Rahmenbedingungen etc.), um mit Differenz in ihren Reihen umgehen zu können. Die niederländische Polizei beispielsweise sieht sich

---

[51] Hierbei ist nicht von einer faktischen Dichotomie auszugehen, „vielmehr markieren diese Positionen zwei erkenntnistheoretische Axiome, deren Grenzen in der Alltagspraxis fließend sind" (HUNOLD/BEHR 2007, S. 26).

selbst seit den 1990er Jahren auf dem Weg zu einer multikulturellen Organisation (VAN GILS 1995).

Die gesetzlichen Grundlagen der öffentlichen Verwaltung in Deutschland, die sich auf Gleichheit, Leistung und Wettbewerb beziehen, stellen zunächst einmal Anforderungen an diejenigen, die Organisationsmitglieder sein wollen und rufen keine Handlungsnotwendigkeiten für die Organisation selbst hervor. Damit ist ein zentraler Mechanismus angesprochen, welcher schon an der Peripherie der Organisation wirkt und die kulturelle Dominanz aufrechterhält, indem er nur diejenigen in die Organisation aufnimmt, die nach dem Wettbewerbsprinzip sowie den Grundsätzen der dienstlichen Beurteilung als die Besten gelten und jene abweist, welche hiernach nicht als geeignet erscheinen, also Defizite zu den Organisationsansprüchen aufweisen. Letzteres, so die Vermutung, bezieht sich auch auf die Abweisung von Vielfalt. Im Folgenden sollen zentrale Aspekte der Einstellungsvoraussetzungen und Verfahren vor dem Hintergrund der möglichen Position der kulturellen Dominanz diskutiert werden.

3 Auswahl und Einstellung als Mechanismen kultureller Dominanz und Exklusion

Die Frage danach, inwieweit deutsche Polizeiorganisationen Vielfalt fördern oder nicht fördern, soll im Folgenden nicht makrosoziologisch auf der Ebene der Gesellschaft, sondern mesosoziologisch auf der Ebene der Organisation aufgegriffen werden. Aus organisationstheoretischer Sicht ist hierbei von besonderem Interesse, inwieweit die strukturellen Rahmenbedingungen der Einstellungspraxis der deutschen Polizei für eine erhöhte Aufnahme von Migranten geeignet oder hinderlich sind. Bisher fanden überwiegend gesellschaftspolitisch angesiedelte begründende und erklärende Faktoren für die Entwicklung der Einstellung von Beamten mit Migrationshintergrund Beachtung. Als wichtigste Ursache für die geringen Anteile an MH-Beamten in der deutschen Polizei gelten jedoch die strengen, dem Gleichheitsgrundsatz entsprechenden Einstellungsvoraussetzungen für den öffentlichen Dienst (BLOM 2005, FRANZKE 1995, 1999, MAGUER 2002). Nun stehen die Gleichheitssätze des Grundgesetzes gesellschaftsstrukturell über der Ebene der Organisation und haben sich auch geschichtlich unabhängig davon entwickelt. Sie bilden jedoch einen für das Auswahlverfahren konstitutiven Aspekt, da sie die juristische Grundlage sind. Insofern sind Einstellungsvoraussetzungen auf der Ebene der Polizeiorganisation nur bedingt beeinflussbar, jedoch ermöglicht das verwaltungsrechtliche Ermessen der Behörden Spielraum für eigene Entscheidungen. In diesem Rahmen existieren Möglichkeiten der Impulsgebung für Reformen auf formeller Ebene. Inwieweit formale und praktische Veränderungen auf der Ebene der Organisation stattfinden, hängt dabei auch immer von der Einstellung und Durchsetzungsfähigkeit der Verantwortlichen der Werbe- und Einstellungsstellen ab. Ein Beispiel für Umgestaltungsmöglichkeiten bezüglich der Einstellungspraxis gibt die Körpergröße als Einstellungsvoraussetzung. Ist eine Anhebung oder Senkung geplant, muss das Änderungsvorhaben als Gesprächsthema im Innenministerium angemeldet werden. Wenn eine Gesetzesänderung vorgesehen ist, ist der Landtag in die Entscheidung miteinzubeziehen.[52] Handelt es sich jedoch um eine verwaltungsrechtliche Änderung, reicht die Bearbeitung durch das Innenministerium aus. „Der Minister kann im Rahmen der vom Parlament gegebenen Gesetze Verordnungen erlassen, die die Gesetze für die Verwaltung konkretisieren“ (WINTER 1998, S. 84). Ob dem Änderungsvorhaben zugestimmt wird, hängt nicht unwesentlich von der Argumentation für den Nutzen einer Modifikation durch die Verantwortlichen aus der Polizeiorganisation ab. Dabei ist jedoch nicht von einem uneingeschränkten Argumentationsspielraum auszugehen. Sind mehrmals Begründungen oder ein Vorhaben für den Minister oder das Ministerium nicht nachvollziehbar und wird dies ein immer wiederkehrendes

[52] Expertengespräch mit dem Leiter der Werbe- und Einstellungsstelle einer Landespolizei.

Konfliktthema zwischen Ministerium und Einstellungsstelle, dann kann es passieren, dass der betreffende Beamte innerbehördlich versetzt wird.[53] Dementsprechend dürften „revolutionär“ handelnde Leiter von Einstellungsstellen eher selten sein.
Im Folgenden soll eine Beschreibung und Analyse der Einstellungspraktiken der Länderpolizeien als eine mögliche Erklärung für die bisher gering gebliebenen Anteile von Polizisten mit Migrationshintergrund vorgenommen werden. Die Darstellungen gründen ansatzweise auf empirischen Ergebnissen, die im Rahmen des MORS-Projektes mittels Praktikerkonferenzen, Good-Practice-Konferenzen, Expertengesprächen mit Einstellungsverantwortlichen sowie Interviews mit migrantischen Kommissaranwärtern erhoben wurden. Eine theoriebezogene Analyse soll unter der Annahme erfolgen, dass die geringe Anzahl an Beamten mit Migrationshintergrund mit einer Einstellungspraxis einhergeht, die unter den aktuellen Voraussetzungen eine institutionalisierte Benachteiligung produziert. Diese Überlegungen finden vor dem Hintergrund der unter Punkt 1.4 diskutierten Position der kulturellen Dominanz statt. Diese ist im vorliegenden Kontext als Möglichkeit der Organisation zu verstehen, die gewünschten kulturellen Standards durchzusetzen, die aus einem innerpolizeilichen Konsens heraus darüber entscheiden, welche Merkmale Bewerber mitbringen müssen, um aus Sicht der Organisation als die Besten bzw. als die am besten Geeigneten identifiziert zu werden. Dominanz bezieht sich somit auf ein asymmetrisches Machtverhältnis (ROMMELSPACHER 1995), indem die Organisation trotz eines normativ veränderten Anspruches in Bezug auf ihre Personalentwicklung mit legitimen Mitteln ihre Mitgliedschaftsbedingungen durchsetzt und den nach eigener Rationalität gesteckten Rahmen für die Bewerber vorgibt. Der Begriff Eigenrationalität meint hierbei die interne diskursive und konsensuelle Konstruktion organisationsinterner Wirklichkeit (vgl. auch GOMOLLA/RADTKE 2002). In diesem Zusammenhang soll zunächst geprüft werden, inwiefern eine organisationsinterne Definition und Umsetzung der Prinzipien von Gleichheit und Bestenauslese einen unterstützenden Mechanismus für organisationskulturelle Dominanz bilden kann. Daran anschließend wird die Diskussion dieser beiden Prinzipien anhand zweier Praxisbeispiele des polizeilichen Einstellungsverfahrens sowie der Darstellung eines möglichen Symptoms kultureller Dominanz und eine kritische Auseinandersetzung mit der polizeilichen Auslegung der Bestenauslese erweitert. Abschließend soll anhand eines Assimilationskonzeptes die Frage geklärt werden, inwieweit kulturell dominierende polizeiliche Einstellungskriterien Vielfalt abweisen und welche Bedeutung dies gesellschaftstheoretisch einnimmt.

---

[53] Expertengespräch in der Landespolizei Schleswig-Holstein.

3.1 Kulturelle Dominanz durch „Bestenauslese“ und Gleichheitsgrundsatz?

Die formulierte Zielvorgabe und grundlegendes Prinzip des Auswahlverfahrens ist die „Bestenauslese“. Man bezieht sich aus der beamtenrechtlichen Perspektive hierbei auf Art. 33 Abs. 2 GG: *Jeder Deutsche hat nach seiner Eignung, Befähigung und fachlichen Leistung gleichen Zugang zu jedem öffentlichen Amte* sowie auf § 7 des Beamtenrechtsrahmengesetzes (BRRG): *Ernennungen sind nach Eignung, Befähigung und fachlicher Leistung, ohne Rücksicht auf Geschlecht, Abstammung, Rasse, Glauben, religiöse oder politische Anschauungen, Herkunft oder Beziehungen vorzunehmen.* Hiervon ist der so genannte Leistungsgrundsatz abzuleiten, welcher im Laufbahnrecht festgeschrieben ist. Er gehört zu den Grundsätzen des deutschen Berufsbeamtentums und legt in seiner Konsequenz zu den o.g. Artikeln fest, dass bei Einstellung, Anstellung, Übertragung von Dienstposten, Beförderung und Aufstieg nur nach Eignung, Befähigung und fachlicher Leistung zu entscheiden ist. Die Eignung umfasst die körperlichen, geistigen und charakterlichen Merkmale, die Befähigung die für den polizeilichen Einsatz wesentlichen Fähigkeiten und Kenntnisse.[54] Kriterien, nach denen über Leistungen der Bewerber in den einzelnen Bereichen entschieden wird, werden von Verantwortlichen der Organisation festgelegt, dabei steht die Verfolgung und Erreichung von Organisationszielen[55] im Vordergrund. Nach bisherigem Erkenntnisstand besteht jedoch sowohl aus wissenschaftlicher als auch polizeipraktischer Perspektive Unklarheit darüber, inwieweit die bisher herangezogenen Leistungskriterien tatsächlich darüber entscheiden können, inwieweit Qualifikationen von Polizeibeamten im Polizeialltag zu einer bestmöglichen Zielerreichung führen (vgl. Kapitel 3.1.1).

Das Prinzip der Bestenauslese steht maßgeblich vor jeder Zielvorgabe, die auf der politischen oder organisationsbezogenen Ebene formuliert wird, und demnach auch vor jenen Postulaten, welche bezüglich der verstärkten Rekrutierung von Migranten formuliert werden. Es findet nur dann keine Anwendung, wenn die Definition und der Einsatz des dringenden dienstlichen Bedürfnisses im Vergleich zu den standardisierten Erwartungen alternative oder zusätzliche Kompetenzen von den Bewerbern verlangt. Dies geschieht in erster Linie im Rahmen von Polizeiarbeit verbessernden Forderungen. Auf der Ebene der Organisation kann die Anwendung des Prinzips der Bestenauslese auch organisationsinternen Wünschen und Erwartungen entgegenstehen. Ein Beispiel gibt der Leiter der Werbe- und

[54] § 1, Bundeslaufbahnverordnung, Leistungsgrundsatz.

[55] Hiermit ist nicht die Erreichung von Organisationszielen generell gemeint, sondern die Notwendigkeit, die Funktion der Erreichung gesellschaftlicher Ziele zu erfüllen. Polizei dient im Speziellen der Strukturerhaltung der Gesellschaft, z.B. durch das Ziel, Verbrechen zu bekämpfen (TÜRK 1978).

Einstellungsstelle einer Landespolizei[56]: Nicht selten würde man die Einstellung eines „Landeskindes“ aufgrund seiner Orts- und Regionalkundigkeit vor allen anderen vorziehen, wenn dies gesetzlich möglich wäre. Es kommt jedoch zweifellos auch vor, dass Bewerber aus anderen Bundesländern eine höhere Punktzahl erzielen als Bewerber des zugehörigen Bundeslandes. Dann muss demjenigen Bewerber der Zutritt gewährt werden, welcher für die jeweilige Organisation nur in zweiter Instanz interessant erscheint.

Die Bestenauslese liegt den Gleichheitsgrundsätzen zugrunde. Ziel der Gleichheitssätze ist es, die öffentliche Gewalt zu verpflichten, vergleichbare Fälle gleich zu behandeln. Sie verbieten nicht die Diskriminierung oder Ungleichbehandlung überhaupt. Sie fordern lediglich, dass eine (Un-)Gleichbehandlung durch einen sachlichen Grund gerechtfertigt sein muss. Im Falle der Einstellung von Migranten in die deutsche Polizei kommen im Speziellen zwei Gleichheitssätze zum Tragen: *Niemand darf wegen seines Geschlechts, seiner Abstammung, seiner Rasse, seiner Sprache, seiner Heimat, seines Glaubens, seiner religiösen oder politischen Anschauungen benachteiligt oder bevorzugt werden. Niemand darf wegen seiner Behinderung benachteiligt werden* (Artikel 3, Absatz 3 GG) sowie der bereits oben genannte Artikel 33, Absatz 2. Das Ziel der Gleichheitssätze ist die juristische Gleichbehandlung, welche mit dem Begriff der Gleichberechtigung häufig gleichgesetzt wird. Der Begriff definiert die rechtliche Gleichheit verschiedener Rechtssubjekte in einem bestimmten Rechtssystem. Verstöße gegen die Gleichbehandlung werden als Diskriminierung oder Privilegierung bezeichnet (SACHS 1997). Abzugrenzen sind diese Begriffe vom Prinzip der Gleichstellung, welche in Bezug auf das Geschlechterverhältnis dafür sorgt, dass Frauen bei gleicher Eignung bevorzugt werden. Dies gilt jedoch nicht für die Einstellung von Migranten.

Das Gleichheitsprinzip ist juristisch betrachtet ein Verhältnisbegriff. Es ist kein feststehendes, absolutes Kriterium, sondern entsteht erst in Beziehungen, welche sich durch einen bewertenden Vergleich konstituieren. Dabei legt der Mensch den Maßstab für die Bewertung fest. Gleichheit wirkt dabei in Abgrenzung zum Identitätsbegriff nur partiell, was gleichzeitig eine partielle Ungleichheit impliziert, d.h. ohne Ungleichheit erforderte es keinen Begriff der Gleichheit. Erst die Gleichheit in der Differenz entspricht dem Grundrecht der Gleichheit (LEICHT-SCHOLTEN 1997). Dabei ist es ähnlich wie bereits in der Frauenforschung postuliert, indem der Mann als Ausgangspunkt der Gleichheit betrachtet wird und die Gleichheit der Frau mehr einer Angleichung folgt. Unter Gleichbehandlung im Rahmen der Rekrutierung für den Polizeivollzugsdienst ist demnach zu verstehen, dass MH-Beamte alle Voraussetzungen erbringen müssen, die von Einheimischen auch erwartet werden. Hiervon gibt es vereinzelt Ausnahmen oder dem Ermessen geschuldete divergierende Praktiken: Manche Länder bieten Maßnahmen an, welche die Eintrittschancen für Bewerber ohne deutsche Staatsbürgerschaft erhöhen sollen. Bremen bietet z.B. die Möglichkeit, das Erreichen der Mindestpunktzahl im

---

[56] Expertengespräch im Rahmen des Projektes MORS.

Sprachkompetenztest durch Bonuspunkte in anderen Bereichen auszugleichen. Als Bedingung gilt hier, dass Rekrutierungsverantwortliche eine positive Sprachentwicklung für die Zukunft bescheinigen. Der Deutschtest kann dann vor Einstellung in den Polizeidienst wiederholt werden, nachdem von der Polizei empfohlene sprachliche Weiterqualifizierungsmaßnahmen absolviert wurden. Das primäre Ziel stellt die Förderung von spezifisch Begabten dar.[57] Dagegen müssen z.B. in Bayern Nicht-EU-Staatsangehörige neben den allgemeingültigen Tests zusätzliche Sprachprüfungen zur Überprüfung der Kenntnisse der Heimatsprache oder einer Zusatzfremdsprache absolvieren (MAGUER 2000).
Der Gleichheitsgrundsatz führt dessen ungeachtet prinzipiell dazu, dass Deutsche und MH-Anwärter formal gleich behandelt werden. Bisher haben alle Länderpolizeien versucht, „bei der Einstellung ausländischer Bewerber weder auf das Rekrutierungsniveau noch auf die Chancengleichheit von Deutschen und Ausländern Einfluss zu nehmen" (MAGUER 2002, S. 312). Maßnahmen, die differente Qualifikationsniveaus (z.B. in Bezug auf Sprachanforderungen) von einheimischen und migrantischen Anwärtern akzeptieren, existieren bisher nicht. Die Organisation behält sich damit vor, identifizierte Defizite eigenen Ansprüchen anzugleichen (vgl. auch Kapitel 3.1.2). Somit wird der Gleichbehandlungsgrundsatz häufig wie ein Dogma benutzt, auch wenn in einzelnen Fällen unterhalb der gesetzlichen Regelungen individuelle Ermessenspraktiken beobachtbar sind, was flexible Lösungen (z.B. Ausnahmen von der Regel) prinzipiell verhindert (HUNOLD/BEHR 2007).
Sowohl die Bestenauslese als auch der Gleichheitsgrundsatz wirken nicht an sich als Mechanismen kultureller Dominanz. Erst durch die organisationsinterne definitorische Auslegung dessen, was die besten Bewerber aufgrund der Bestenauslese an Leistungskriterien mitbringen müssen, konstituiert sich ein für das Einstellungsverfahren überlegener polizeiorganisationsspezifischer Rahmen, indem „die Kriterien, nach denen Bewerber für den Polizeiberuf ausgesucht und für die Ausbildung zugelassen werden, sowie die Inhalte und Formen der Ausbildung [...] bestimmte Erwartungen an den zukünftigen Polizeibeamten aus[drücken]" (BUSCH ET AL 1985, S. 147). Vor diesem Hintergrund wird unter Gleichbehandlung im polizeiinternen Diskurs generell verstanden, dass trotz Veränderungen der Personalentwicklungspolitik alle Bewerber die gleichen Voraussetzungen erfüllen müssen. Dabei bleibt die juristische Möglichkeit der sachlich begründeten Ungleichbehandlung in Form positiver Einstellungsaktionen, die sich an Migranten richten, (s.o.) unberücksichtigt. Dominanz wird in diesem Kontext nicht durch bewusste ausgrenzende Handlungen reproduziert, sondern vornehmlich durch die Aufrechterhaltung von Normalität (ROMMELSPACHER 1995). Diese ergibt sich aus der Negierung bzw. Nichtberücksichtigung von Differenzen, indem sie im Zuge der Institutionalisierung von Mitgliedschaftsbedingungen missachtet bleiben.

[57] In diesem Fall handelte es sich um eine Anwärterin mit polnischem Hintergrund, welche zusätzliche Kenntnisse in fünf verschiedenen Sprachen mitbrachte (Information des Leiters einer Werbe- und Einstellungsstelle im Rahmen einer Praktikerkonferenz des Projektes MORS).

Andererseits besteht an anderer Stelle sogar die Möglichkeit der Ungleichbehandlung von Anwärtern mit und ohne Migrationshintergrund, indem insbesondere Bewerber aus außereuropäischen Ländern meist zusätzliche Leistungen erbringen müssen. Als Surplus-Voraussetzungen sind eine Aufenthaltsberechtigung oder unbefristete Aufenthaltsgenehmigung nachzuweisen, außerdem sollten die Betroffenen „mindestens fünf Jahre in Deutschland leben und ihre Heimatsprache sprechen" (HÄBERLE 2005, S. 26). Die Probleme, die sich hieran anschließen, ergeben sich aus der Akkulturationsleistung der migrantischen Bewerber, welche die schulischen Voraussetzungen für eine Polizeiausbildung erfüllen, denn meist sind dies Migranten der 2. und 3. Generation, welche ihre Heimatsprache in Wort und Schrift nicht mehr ausreichend beherrschen (vgl. u.a. MÜNZ ET AL 1997, GROß 2005). GOMOLLA/RADTKE (2002) sprechen in diesem Zusammenhang von einem Handlungsspektrum, das die „Ungleichbehandlung Gleicher" sowie die „Gleichbehandlung Ungleicher" umfasst. In Anlehnung an FEAGIN/BOOHER FEAGIN (1986) differenzieren sie diese Handlungsalternativen als direkte und indirekte Diskriminierung. Direkte Diskriminierung bewegt sich hiernach im Rahmen positiver Diskriminierung, welche eine gezielte Unterscheidung und Ungleichbehandlung impliziert. Indirekte Diskriminierung bezieht sich auf formelle und informelle Handlungsmuster und Regeln, „die in den Mitgliedschaftsbedingungen institutionalisiert sind" (GOMOLLA/RADTKE 2002, S. 264). Indem sie gleichermaßen auf alle angewendet werden, können bestimmte Personen(-gruppen) damit benachteiligt sein. In diesem Kontext definieren die Autoren das Prinzip institutioneller Diskriminierung. Dabei ist der dogmatische Bezug auf die Gleichheitsidee ein Kriterium, das Ungleichheit produziert, indem Unterschiede negiert und Zugangschancen faktisch ungleich werden.

3.1.1 Objektivierung von Qualifizierung und organisationsrationale Entscheidungen

Im Folgenden soll nachgezeichnet werden, wie Polizeiorganisationen aus ihrer Eigenrationalität heraus vor dem Hintergrund der Prinzipien Gleichheit und Bestenauslese über Qualifikationsanforderungen entscheiden und dabei einerseits Gleichheit mittels formal festgelegten und objektiven Kriterien produzieren sowie andererseits Bewerber mittels objektiv weniger nachvollziehbarer Entscheidungen auswählen.

Im letzten Auswahlverfahren der Berliner Polizei im Jahr 2006 bewarben sich mehr als 10.000 Personen auf ca. 300 zu besetzende Stellen für den Polizeidienst in der gehobenen Laufbahn.[58] Wie quantitativ reduzierend das polizeiliche Auswahlverfahren bei einer solch hohen Menge an Bewerbungen wirken kann, gibt ein Beispiel des Rekrutierungsdurchganges im Jahr 2005 der Bremer Polizei wieder:

[58] Information eines Berliner Dienststellenleiters im Rahmen einer Arbeitsgruppe der 2. Good-Practice-Konferenz des Projektes MORS am 19.09.2006 an der PFA.

Von 5.000 Bewerbern waren 1.500 zur schriftlichen Prüfung zugelassen. 150 Aspiranten haben diese erste Hürde bestanden, davon sind 10% beim Sporttest und 10% bei der mündlichen Prüfung durchgefallen. 50 Personen wurden schließlich zur ärztlichen Prüfung zugelassen. Letztendlich wurden 25 Bewerber für die Polizeiausbildung im gehobenen Dienst eingestellt.[59] Aufgrund eines allgemein hohen Bewerberaufkommens legen die einzelnen deutschen Länderpolizeien im Rahmen der Auswahlverfahren größeres Augenmerk auf leistungsbezogene quantifizierbare Merkmale. Für die erhobenen Daten der Bewerber soll eine größtmögliche Vergleichbarkeit gegeben sein, um zu einer objektiven und gerechten Bewertung des einzelnen Beamten zu führen. Beurteilungsmaßstäbe sollen gemäß dem Gleichheitsgrundsatz für alle gleich angewendet werden. Die formellen Einstellungsvoraussetzungen beinhalten fundierte Merkmale[60] wie Bildungsabschluss, Numerus Clausus und Körpergröße.[61] Kommt es zu einer Einladung zum zwei bis drei Tage andauernden Test, sollten Mindestanforderungen in mehreren Bereichen erfüllt sein: 1. schriftliche Prüfung mit Tests zur Rechtschreibung, zum Leseverständnis und zur Intelligenz, 2. Sportprüfung bestehend aus Sprint, Konditionstest und Ausdauertest, 3. mündliche Tests zur Eignung, Auffassungsgabe und polizeilichem Rollenverständnis und 4. polizeiärztliche Tauglichkeitsuntersuchung.
Formelle Einstellungsvoraussetzungen stellen keine Außergewöhnlichkeit dar, zumindest nicht in westlichen Industriegesellschaften, auch beschreiben sie keine Spezialität der deutschen Polizei. In Bezug auf die polizeilichen Einstellungsvoraussetzungen bleibt jedoch kritisch zu betrachten, dass scheinbar keine objektivierbare Klarheit darüber besteht, was ein „guter" Polizist an Eigenschaften und Qualitäten mitbringen sollte.[62] „... wer als geeignet gehalten wird, welche Kriterien dafür kommuniziert werden, [...] auf welches Wissen sich dies stützt und wie diese Kriterien überprüft [sowie] die Ergebnisse evaluiert werden, das ist weitgehend unsystematisiert" (BEHR 2007, S. 294). Dementsprechend wäre z.B. hinterfragbar, inwieweit ein Numerus Clausus darüber Aufschluss geben kann, ob

---

[59] Information der Verantwortlichen einer Werbe- und Einstellungsstelle.

[60] BOURDIEU (1982) prägte diesen Begriff im Zusammenhang mit Beurteilungsmechanismen bei Berufsidentifikationen und –benennungen und bezeichnete damit formell ausgeschriebene Anforderungskriterien wie z.B. den Bildungsabschluss etc.

[61] Diese variieren z.T. von Länderpolizei zu Länderpolizei. Für Länder, die nur noch für den gehobenen Dienst einstellen, gilt als Mindestanforderung für den Bildungsabschluss das (Fach-)Abitur. Der NC darf meist nicht über 3,0 liegen und die Körpergröße sollte je nach Frau oder Mann in der Regel nicht 160 cm (Frau) oder 163 cm (Mann) unterschreiten.

[62] Einige Aspekte wie Teamfähigkeit, Loyalitätsbereitschaft, Gerechtigkeitssinn oder Pünktlichkeit tauchen in diesem Zusammenhang zwar immer wieder auf (z.B. in Interviews, Gruppendiskussionen und Praktikerkonferenzen im Rahmen von MORS), stellen jedoch keine objektivierbaren Kriterien dar.

ein Bewerber tatsächlich polizeidiensttauglich ist.[63] Zudem erscheint es intransparent, ab welcher Körpergröße ein Polizist als zu groß oder zu klein zu gelten hat. Auch wird in manchen Fällen der NC zur Reduzierung von Bewerberzahlen herangezogen, wenn verantwortliche Organisationsmitglieder die Höhe der eingereichten Bewerbungen als wenig handhabbar und abbaubar interpretieren. Hier dient der NC zuallererst als Instrument zur Beeinflussung des Arbeitsaufwandes. Dies war in dem bereits oben angeführten Beispiel des Einstellungsdurchganges Berlin 2006 der Fall, in dem der bisher gültige mindestens nachzuweisende NC nicht unter 3,0 liegen durfte, dann aber aufgrund der Fülle von Interessenten für den Berliner Polizeidienst auf 2,7 gesenkt wurde. So scheint sich die Frage nach den „richtigen" Bewerbern für die Polizeiorganisationen zumindest bis zum jetzigen Zeitpunkt noch nicht grundlegend zu stellen, da diejenigen als die Besten gelten, die den standardisierten und innerpolizeilich wenig diskutierten Qualifikationsanforderungen entsprechen.
Zudem ergibt sich ein breites und womöglich schwer nachzuvollziehendes Spektrum an erwarteten Qualifikationen im Zuge der formell geregelten zweigeteilten Laufbahn[64] und der daran anknüpfenden Konsequenz, dass alle Organisationsmitglieder für jeden polizeilichen Aufgabenbereich befähigt sein müssen. In einem Bewerbungsfaltblatt der Polizei Sachsen-Anhalt informiert beispielsweise ein Vermerk darüber, dass „die Polizeibeamten [...] unabhängig von ihrer späteren Verwendung allgemein polizeifachlich ausgebildet [werden]" und „entsprechend des dienstlichen Bedürfnisses alle Ämter des Polizeivollzugsdienstes offen [stehen]"[65]. Daraus folgt natürlich auch, dass Notwendigkeiten zur Formulierung von spezifischeren Kompetenzen und daran anschließende Werbe- und Ausschreibungsverfahren erst gar nicht aufkommen können.
Aufgrund des Fehlens von verbindlichen sowie praxis- und ressourcenorientierten Definitionen von benötigten Personalkompetenzen kann es für Externe spätestens in formal weniger messbaren Testbereichen zu objektiv weniger nachvollziehbaren Entscheidungen kommen. Als Beispiel sind hier die Eignungsgespräche anzuführen, die i.d.R. aus einem Einzelgespräch vor einer Auswahlkommission, die aus einer mehr oder weniger ständigen Besetzung besteht, und einem Rollenspiel, das Aufschluss über kommunikative Fähigkeiten geben als auch Hintergrundwissen abfragen soll. Bevorzugte Eigenschaften wechseln in diesen Bereichen je nach dem jeweiligen aktuellen polizeiinternen Diskurs. Das führt nicht nur dazu, dass auf Seiten der Bewerber Unkenntnis über gewünschte Kompetenzen herrscht, sondern auch, dass „erfahrene" Beamte zur Beurteilung herangezogen werden, weil diese

---

[63] Die Abiturnote gilt in anderen Bereichen bereits als nachweislicher Indikator für Ausbildungserfolg, wie z.B. an der Universität, für die Polizei ist dieser Effekt jedoch noch nicht nachvollzogen worden.

[64] Diese kann inzwischen in einigen Ländern insofern als Einheitslaufbahn gelten, als dass nur noch eine Einstellung in den höheren Dienst erfolgt.

[65] Informationsbroschüre der Polizei Sachsen-Anhalt, Medienzentrum der Polizei, Ausgabe 2/ 2006.

sich bei Empfehlungen auf ihr langjähriges Berufswissen beziehen können. „In den meisten Bundesländern haben „erfahrene“ Praktiker des Höheren Dienstes bei der Befürwortung eines Kandidaten einen hohen Stellenwert, sie sprechen eine Empfehlung aus oder unterlassen das, jeweils ohne theoretische Begründung (von der Erfahrung abgesehen). Die Einstellung in die Polizei erfolgt, allen psychologischen Verfahren zum Trotz, im Wesentlichen durch Kooptation[66]“ (BEHR 2007, S. 297). Dies kann einerseits von einem gewissen Konservatismus geprägt sein (vgl. Kapitel 3.1.2) oder geschieht in Ländern wie Schleswig-Holstein durch Einbezug der Frauenbeauftragten, jüngeren Praktikern und/oder einem Beamten mit Migrationshintergrund mit stärkerer Betonung auf Einsatzpraxis und Vielfalt. Generell kann die Polizei hier, wie jede andere Organisation auch, auf einen institutionalisierten Wissenshaushalt zurückgreifen, um Entscheidungen in Beurteilungssituationen mit Sinn und Plausibilität zu versehen, ohne diese theoretisch und empirisch nachvollziehbar machen zu müssen.
Obwohl in den „freien“ Gesprächssituationen nur ein geringes Maß an quantifizierbarer und objektivierbarer Kompetenzermittlung möglich ist, ist im Rahmen dieses Testverfahrens kein Mehr an qualitativer Beurteilung in Form von differenzierter und individuell abhängiger Gewichtung ermittelter Leistungen und Qualifizierungen vorgesehen. Ein Beispiel dafür geben die Erfahrungen einer Bewerberin (ohne Migrationshintergrund) im Einstellungsverfahren der Landespolizei Nordrhein-Westfalen 2005 wieder[67]: Nach einer guten Bewertung in der schriftlichen Prüfung und im Sporttest hatte diese die Höchstnote im persönlichen Einzelgespräch erreicht. Sie hat allerdings die erforderliche Punktzahl für eine erfolgreiche Einstellung knapp verfehlt, da ihr für das Rollenspiel kaum Punkte vergeben wurden. In der Unkenntnis darüber, ob man ihre empathischen und sozialen Eignungen oder ihre Durchsetzungsfähigkeit testen wollte, hat sie entgegen ihren persönlichen Neigungen letzteres „gespielt“. Zweifellos hätte in diesem Fall eine stärkere Gewichtung des persönlichen Einzelgespräches, in dem vermutlich mehr über Motivation, Charakter und Neigungen des Bewerbers zu erfahren ist, zu einer anderen Entscheidung geführt.
Zusammenfassend kann festgehalten werden, dass in allen Entscheidungen im Prozess der Einstellung die „Logik“ der Organisation dominiert, die Begründungen und Evaluationen von erwarteten Leistungskriterien zunächst im innerpolizeilichen Kontext nicht notwendig erscheinen lässt. Dies stellt jedoch kein polizeispezifisches Problem dar, sondern beschreibt mehr oder weniger einen Prozess, der sich in allen Organisationen wieder finden lässt, nur sind jedem Entscheidungsvorgang organisationsspezifische Logiken inhärent. In Anlehnung an FOUCAULTS Normalisierungspraktiken zur Ordnung des sozialen Raumes kann auch der innerpolizeiliche Diskurs, welcher letztendlich über „richtige“ und „falsche“ Bewerber entscheidet, als Eigenrationalität definiert werden, die einen Dominanz konstituierenden Mechanismus beschreibt, indem sie als Machtstruktur über

[66] Kooptation meint laut Duden die Wahl neuer Mitglieder durch die alten Mitglieder.
[67] Die Informationen stammen aus einem informellen Gespräch.

Integrations- und Differenzierungsprozesse entscheidet (FOUCAULT 1977, REUTER 2002). Die diskursive Konstruktion organisationsinterner Wirklichkeit führt zu binären Unterscheidungen in „richtig" und „falsch". Verbindlichkeit erlangt dieser Prozess erst durch die „Dialektik von Normalität und Normativität" (EBD., S. 206), indem der diskursiven Erzeugung von Regel- und Normfällen, Standards und formal vorgesehenen Abläufen die Verdeutlichung des Außerordentlichen inhärent ist. Am Ende steht ein Ein- und Ausschließungsprozess, der mittels Mitgliedschaftsbestimmungen und Einstellungsprozeduren organisationskulturelle Dominanz verteidigt und stabilisiert (vgl. Kapitel 3.3).
Das folgende Kapitel soll die vorgestellten Prozesse, die in Verbindung mit der Objektivierung von Qualifizierung sowie eigenrational gesteuerten Entscheidungen stehen, anhand der Bedeutung von Bildungskapital im Auswahlverfahren vertiefen und nachvollziehen, wie in diesem Kontext Ungleichheiten unterstützt und gefördert werden können.

3.1.2 Unterstützung bildungsbezogener Ungleichheiten - Die Bedeutung von kulturellem Kapital und Sekundärmerkmalen

Im gesamten Einstellungsverfahren knüpft die deutsche Polizei die Möglichkeit des Zuganges in die Organisation im Wesentlichen an vier Bedingungen: Bildung, Gesundheit, Leumund[68] und Staatsbürgerschaft[69]. Spätestens seit der Einführung der zweigeteilten Laufbahn dürfte das Polizeipersonal im Verhältnis zur Gesamtbevölkerung überwiegend über dem durchschnittlichen Bildungsniveau angesiedelt sein, denn die meisten Länder stellen seit einigen Jahren nur noch für die Laufbahn des gehobenen Dienstes ein. Die formale Bildungsvoraussetzung ist das (Fach-)Abitur. Die Höchstgrenze für den NC liegt meist bei 3,0, in einigen Ländern darunter. Hinzu kommen teilweise notenbezogene Mindestvoraussetzungen in ausgewählten Fächern, wie z.B. in Bremen, wo Bewerber nicht weniger als acht Punkte im Fach Deutsch aufweisen sollen, in Schleswig-Holstein gilt diese Regelung zudem für Englisch.
Die Verteilung von „kulturellem Kapital" (BOURDIEU 1983) spielt für die Annahme der ungleichen Aufnahmechancen von einheimischen und migrantischen Bewerbern demnach keine unwesentliche Rolle, denn trotz der Norm bürgerlicher Gleichheit

---

68 Hierbei geht es um die Notwendigkeit eines einwandfreien polizeilichen Führungszeugnisses. Eine Bewerbung ist also für Jugendliche aussichtslos, wenn sie bereits strafrechtlich in Erscheinung getreten sind. In Bezug auf dieses Einstellungskriterium ist anzumerken, dass aus verschiedenen Gründen, welche je nach wissenschaftlicher Perspektive unterschiedlich zu bewerten sind, davon auszugehen ist, dass Jugendliche mit Migrationshintergrund häufiger polizeiauffällig werden (vgl. u.a. HEITMEYER 1995, GEIßLER 2002).

69 Letzteres hat in den vergangenen Jahren durch die beamtenrechtlichen Veränderungen an Gewicht verloren.

sind Zugangschancen zu nationalen Bildungssystemen faktisch ungleich (LENHARDT 1999).[70] In Zahlen ausgedrückt lässt sich hierzu feststellen, dass z.B. im Jahr 1995 von den 10- bis unter 21jährigen Einheimischen 24,7% ein Gymnasium besuchten, von den Einwandererkindern jedoch nur 7,6%.[71] Nun sind Ungleichheiten von Bildungschancen auf verschiedene Arten zu erklären, im schulischen Bereich sprechen GOMOLLA/RADTKE (2002) beispielsweise von institutioneller Diskriminierung. Diese Perspektive geht von einer Diskriminierung von Minderheiten durch die Mehrheit aus, wobei eine Operationalisierung von Diskriminierung bis heute mit größeren Problemen verbunden ist. Andere Erklärungsansätze konzentrieren sich auf „Eigenschaften" der Migranten. Hierzu gilt als gängiges Argument für unterschiedliche Bildungswege und ungleiche Bildungsabschlüsse zwischen Einheimischen und Migranten der Verweis auf die sozioökonomisch ungünstigere Ausgangslage von Einwanderern. Diese kommen häufiger aus ländlichen Gebieten wenig industrialisierter Länder und gehörten im Heimatland meist dem unteren Segment des Arbeitsmarktes an. Nicht unerhebliche Auswirkungen auf Bildungschancen haben nach ALBA/HANDL/MÜLLER (1994) Generationenstatus und Aufenthaltsdauer der Kinder und Jugendlichen. Die größte Relevanz scheinen jedoch Sprachkenntnisse der Familienmitglieder, insbesondere der Eltern zu besitzen. Die Autoren fanden mit einer Analyse verschiedener sozioökonomischer Daten heraus, „dass Kinder mit mindestens einem schlecht deutsch sprechenden Elternteil häufiger als andere eine Hauptschule besuchen" (EBD., S. 232). Bildungsbezogene Benachteiligungen für die Kinder können sich hier infolge von Sprachdefiziten ergeben. Sprache kann in diesem Kontext auch als ein Symptom des Identifikationsgrades der Eltern mit der aufnehmenden Gesellschaft gedeutet werden. Hier spielen also spezifische kulturelle Werte und Überzeugungen eine Rolle. Entscheidend ist weiterhin, ob Kinder mit Migrationshintergrund sowohl im Heimatland als auch im Zielland die Schule besuchten (dies lässt sich insbesondere für Schüler türkischer Herkunft konstatieren, SCHIFFAUER 1991). Letzteres entspricht einem Betrachtungsansatz, welcher sich auf die Ziele konzentriert, die Migranten in der Aufnahmegesellschaft verfolgen. Hier sind beispielsweise Rückkehrwünsche etc. von Bedeutung. Inwieweit sich ethnische ‚Eigenschaften' und institutionelle Diskriminierung gegenseitig bedingen, kann an dieser Stelle nicht geklärt werden.

Chancenungleichheiten auf dem deutschen Bildungsmarkt sind natürlich kein von der Polizei zu lösendes und lösbares Problem, vielmehr geht es hier um sozial-,

---

[70] Ungleichheiten beziehen sich z.B. auf das sozioökonomische Schichtensystem, traditionelle Aspekte wie die Konstruktion von Geschlechterrollen sowie Benachteiligungen, welche mit Einwanderung verbunden sind.

[71] Die Gruppe der Migranten ist hierbei nicht homogen. Die größte Differenz besteht zwischen Einheimischen und Türken. Kinder griechischer Einwanderer besuchen sogar häufiger ein Gymnasium als Einheimische, was vermutlich auch mit der hohen Anzahl an Gymnasien in Deutschland zu erklären ist, welche auf griechischstämmige Migranten ausgerichtet sind (ALBA/HANDL/MÜLLER 1994).

integrations- und bildungspolitische Fragen. Spätestens in der Rolle als potenzieller Arbeitgeber ist die Polizei jedoch mit diesen gesellschaftlichen Strukturproblemen konfrontiert. Dabei nimmt die Polizei eine Haltung ein, die GOMOLLA/RADTKE (2002) schon für die Organisation Schule identifizierten. Die meisten Länderpolizeien sehen sich nicht in der Position, aus Bewerbern geeignete Bewerber zu machen, sondern erwarten für den Polizeiberuf bereits angemessen sozialisierte und gebildete Aspiranten. HOLDAWAY (1991, 1996, 2003) beschreibt diese Haltung als Dilemma, in dem die Organisation Rekrutierungsprobleme nicht als eigene, sondern als die der Migranten betrachtet. Seinen Untersuchungen in Großbritannien zufolge scheint jedoch die Übernahme von Eigenverantwortung ein Schlüssel zur Steigerung der Zahl von Beamten unterschiedlicher ethnischer Herkunft zu sein (EBD., 1991, 1996). Grundlegend ist hierbei die Erkenntnis des Polizeimanagements, dass ethnischen Minderheiten gleiche Berufsaussichten geboten werden müssen wie Einheimischen. Dabei hat die Organisation die Aufgabe „to identify and remove any features that might disadvantage minority ethnic applicants. Importantly, it was recognised that responsibility to initiate special recruitment measures lay within the police. Their approach was now to be a positive one, giving impetus to increased recruitment from minority ethnic groups" (EBD. 1996, S. 139). Dem entgegen begründeten noch Mitte der 1990er Jahre die meisten Länderpolizeien in der BRD die geringen Anteile an Beamten mit Migrationshintergrund „mit der oftmals unzulänglichen Qualifikation der Bewerber [...] Die gegenwärtige Auffassung ist: Entweder es fehlen ausländische Bewerber und Bewerberinnen, und/oder die polizeiinteressierten Jugendlichen sind nicht genug qualifiziert" (FRANZKE 1995, S. 25).

Dabei ist der gesellschaftstheoretische und empirische Zusammenhang zwischen Bildungsniveau und beruflicher Stellung zwar gut nachvollziehbar, es gibt jedoch Hinweise darauf, dass Deutsche bei gleichem Bildungsgrad wesentlich häufiger im qualifizierten Segment des Arbeitsmarktes beschäftigt sind (MÜNZ ET AL. 1997). Segmentationstheorien machen exkludierende Mechanismen in den qualifizierten Bereichen des Arbeitsmarktes für diese Entwicklung verantwortlich. Nach MÜNZ ET AL (1997) ist die Beurteilung der Sprachkompetenz ein wesentlicher ursächlicher Aspekt für den Ausschluss aus bildungsorientierten Beschäftigungsverhältnissen. „Tatsächlich erreichen Ausländer, die gute Kenntnisse der deutschen Sprache haben, weitaus höhere berufliche Positionen, als diejenigen, die die deutsche Sprache nur schlecht beherrschen" (EBD., S. 104). Auch bei der Polizei gilt die Beherrschung der deutschen Sprache als grundsätzlich uneingeschränkt notwendig. Eine Wiederholung der Sprachprüfung wird nur dann angeboten, wenn alle anderen Bereiche des Auswahlverfahrens bestanden wurden. Diese Kurse sind dabei kein Bestandteil der Ausbildung, sondern müssen vor dem letzten Tag der Eignungsprüfung wiederholt und bestanden werden. Das bedeutet, dass die Organisation zwar auf vorhandene Defizite von Bewerbern reagiert, aber keine grundsätzlichen Veränderungen der organisationseigenen Einstellungsmodalitäten vornimmt. Delegation von Verantwortung betrifft in diesem Kontext auch andere Qualifikationsanforderungen des Einstellungsverfahrens, in denen kulturell abhängige Aspekte als Ausschlusskriterium Bedeutung erlangen. Beim Sporttest werden z.B. kaum Frauen zu finden sein, die den muslimischen Glauben praktizieren. Weiter ist davon auszugehen, dass Differenzen im Relevanz- und Wertesystem bezüglich Freizeit und Beruf bestehen. In diesem Zusammenhang äußerte beispielsweise ein Good-Practice-Konferenz Teilnehmer mit türkischem Hintergrund: „Mit Schwimmen kriegt man keine Türken mit".[72][73] Ohne eine kritische Reflexion und Aufweichung der Gewichtungs- und Relevanzsysteme im Auswahlverfahren unter Berücksichtigung von ethnisch und kulturell bedingten Präferenzen und Differenzen werden demnach bestimmte grundsätzlich gewollte Personengruppen stärker ausgeschlossen bleiben.

Prinzipiell ist also davon auszugehen, dass die Polizei zunächst durch ihren mit dem Prinzip der Bestenauslese begründeten dogmatischen Bezug auf hohe Bildungsvoraussetzungen einem Gros der migrantischen Zielbevölkerung nur geringe Zugangschancen bietet. Dabei darf man natürlich nicht außer Acht lassen, dass zumindest die streng formalisierten Bildungsvoraussetzungen nicht allein für Migranten, sondern auch für die meisten Bewerber ohne Migrationshintergrund unüberwindbare Barrieren darstellen.[74] Die Voraussetzung des Abiturs für den gehobenen Dienst ist allein in diesem Anforderungsfeld ein starkes Ausschlusskriterium, das sich zwar gleichermaßen gegen alle richtet, aber Bewerber mit Migrationshintergrund ungleich häufiger trifft.

Zur Erklärung von Ungleichheitsproduktion im Zusammenhang eigenrationalisierter Entscheidungen auf der Organisationsebene bezüglich fundierter Merkmale wie formalen Bildungsabschlüssen gibt BOURDIEU (1982) einen entscheidenden weiterführenden Hinweis, der sich auf die Unterscheidung zwischen fundierten und sekundären Merkmalen zur Klassifizierung von Berufsgruppen bezieht. Hierbei geht er davon aus, dass „auf Kooptation basierende Gruppierungen" (EBD. S. 178) häufig durch einen besonderen „Numerus Clausus" geschützt sind. Dabei werden im Stillen meist mehr Befähigungsmerkmale vorausgesetzt als die ausdrücklichen Eigenschaften. Demnach ist davon auszugehen, dass mit den formalen Kriterien Sekundärmerkmale wie gesellschaftliche Herkunft, Geschlecht, ethnische Zugehörigkeit etc. stereotypisch assoziiert werden, welche als eine Art unterschwellige Anforderung wirken und damit wie „Auslese- oder Ausschließungsprinzipien funktionieren können" (EBD. S. 177ff.). Damit haben Angehörige bestimmter Berufsgruppen mehr als die offiziellen Voraussetzungen gemeinsam, was vom Eintritt in die Organisation an die ganze Berufslaufbahn über wirkt und über Ausschluss, Außenseiterposition und Zugehörigkeit entscheidet. Das bedeutet, dass auch polizeiintern assoziierte und konstruierte Berufsbilder außerdem

[72] Kommentar eines Beamten des gehobenen Dienstes mit türkischem Hintergrund in einer Diskussionsrunde der 2. Good-Practice-Konferenz im Rahmen des Projektes MORS.

[73] Als eine formale Voraussetzung des Sporttests ist länderabhängig entweder ein Schwimmtest zu absolvieren oder ein Bronze-Schwimmabzeichen vorzuweisen.

[74] Dies gilt allerdings nicht nur für die Polizei, sondern auch für andere Ausbildungsstätten wie die Universität.

im Zusammenhang von formalen Einstellungskriterien wirken können, welche das kulturelle Kapital betreffen (vgl. Kapitel 3.1.1). Die Dominanz der Organisation stützt sich hierbei „auf weitgehende Zustimmung [...], indem sie sich über die sozialen Strukturen und die internalisierten Normen vermittelt (ROMMELSPACHER 1995, S. 26).

In welcher Weise dies einen nachweisbaren nachteiligen Effekt auf die Auswahl von Bewerbern mit Migrationshintergrund haben kann, bleibt im Rahmen dieser Untersuchung im Dunkeln. MANNING (1977) und HOLDAWAY (1996) gehen jedoch von einer grundsätzlichen Tendenz stereotypen Denkens innerhalb der Polizei aus. „Stereotypical thinking has been identified as a characteristic of rank-and-file police thinking per se" (HOLDAWAY 1996, S. 156). Sie erklären dies mit der berufsspezifischen und organisationsbedingten Notwendigkeit, die Komplexität der Umwelt zu reduzieren, um u.a. Differenzen zwischen persönlichen Einstellungen und Handlungen rechtfertigen zu können (vgl. Kapitel 4). Würde man weiter den von REINER (2000) formulierten polizeilichen Konservatismus unterstellen, ließe sich zumindest mit Blick auf Migranten, zu denen aufgrund ihrer alltäglichen Lebensordnung eine höhere ethnische Grenzziehung besteht (vgl. Kapitel 2.1.2.2), die Fremdwahrnehmung also größer sowie eine Stereotypisierung wahrscheinlicher ist, eine tendenziell ablehnendere Haltung im Auswahlverfahren annehmen. Polizeilicher Konservatismus ist nach REINER (2000) zumindest im angloamerikanischen Raum geprägt durch politisch und moralisch konservative Einstellungen von Polizeibeamten. Dabei ist jedoch nicht davon auszugehen, dass tendenziell konservative Haltungen generelle personelle Eigenschaften der Beamten beschreiben, sondern, dass sich diese einerseits durch die alltägliche polizeiliche Arbeit entwickeln, indem sie sich vornehmlich an Personengruppen unterer gesellschaftlicher Schichten richtet. Andererseits bedingt die bürokratisch-hierarchische Struktur der Organisation sowie deren Selbsterhaltung durch Kooptation traditionellere Werthaltungen. Für den angloamerikanischen Raum kommen empirischen Erhebungen zufolge innerpolizeiliche fremdenfeindliche Tendenzen als weiterer Aspekt des polizeilichen Konservatismus hinzu (REINER 2000). Generell drehen sich Begründungen hierfür um eine innerpolizeiliche Widerspiegelung der gesellschaftlichen Ablehnung von Fremdheit, jedoch mit etwas stärkerer Betonung, da sich Polizeibeamte überwiegend aus Milieus rekrutierten, in denen rechtskonservative Einstellungen tendenziell verbreiteter waren. „Policemen reflect the dominant attitudes of the majority people towards minorities" (BAYLEY/MENDELSOHN 1968, zitiert nach REINER 2000, S. 98). Mit der Anhebung des Bildungsniveaus im Rahmen der zweigeteilten Laufbahn (in Deutschland) und der zunehmenden Demokratisierung polizeilicher Organisationen dürften sich eventuelle ethnisch begründete Diskriminierungstendenzen aber relativiert haben. Insbesondere in Großbritannien haben multikulturelle Trainings sowie ethische Verhaltensstandards als Reaktion auf den Scarman-Report[75] an Bedeutung

[75] 1981 verfasste Lord Scarman, Richter und Mitglied des britischen Oberhauses, als Folge auf die sog *Brixton disorders* (schwere Ausschreitungen zwischen Polizei und Mitgliedern ethnischer

gewonnen. Auch ist in Deutschland aufgrund der Differenzen bezüglich gesellschaftspolitischer Zusammenhänge, der Zuwanderungspolitik und der Rechtslage zu den USA und Großbritannien das Ausmaß fremdenfeindlicher Tendenzen innerhalb der Polizei zu relativieren. Zu vermuten ist, dass konservative und traditionelle Werthaltungen wie REINER (2000) sie beschreibt, heute allenfalls tendenziell häufiger unter älteren Beamten zu finden sind. Auch sind hierbei generell Beamte der gehobenen und höheren Laufbahn zu unterscheiden, da sich letztere nicht mehr mit der alltäglichen polizeilichen „Handarbeit" befassen (vgl. BEHR 2000, S. 13). Letztendlich ist die Bedeutung eines möglichen polizeilichen Konservatismus für das Auswahlverfahren und die darin entscheidenden Sekundärmerkmale im Kontext dieser Arbeit empirisch nicht verifizierbar. Weiterführende Studien könnten in diesem Zusammenhang beispielsweise eine Erhebung der Zusammensetzungen von polizeilichen Auswahlkommissionen versuchen.

Bezüglich der Bedeutung von kulturellem Kapital sowie Sekundärmerkmalen im Auswahlverfahren lässt sich abschließend festhalten, dass die Identifikation von berufsgeeigneten Bewerbern durch fundierte Merkmale wie den Bildungsabschluss und Numerus Clausus theoretisch und empirisch nachvollziehbare Benachteiligungen von Bewerbern mit Migrationshintergrund nach sich ziehen kann. Kulturelle Dominanz der Organisation zeigt sich in diesem Kontext insofern, als dass gesellschaftliche Strukturprobleme ausgleichende Aktionen ausgeschlossen bleiben, indem sie in einer Art Selbstaffirmation ihre Verantwortung als potenzieller Arbeitgeber grundsätzlich an die potenziellen Mitglieder delegiert. Bezüglich der Sprachkompetenzen werden Defizite beispielsweise nach den Erwartungen der Organisation identifiziert und angeglichen, wobei die sprachliche Qualifizierung vor Einstellung abgeschlossen sein muss. Damit sichern Mitgliedschaftsbestimmungen auch vor scheinbar unsicheren zukünftigen Qualifikationsentwicklungen der Organisationsmitglieder. Sprachkompetenz wirkt gerade deshalb als starkes über Ein- und Ausschluss entscheidendes Kriterium. Über die Bedeutung sekundärer Merkmale konnten im Rahmen dieser Arbeit nur Vermutungen formuliert werden, sie wären allerdings als weiteres erklärendes Moment für gering gebliebene Anteile an Beamten mit Migrationshintergrund nachzuvollziehen.

Minderheiten sowie sozial Benachteiligten) einen Bericht über die *Metropolitan Police*. Er ist das Endprodukt groß angelegter Ermittlungen zu den Ursachen der Unruhen. In diesem Bericht charakterisierte Scarman britische Polizisten in ihrem Denken und Handeln als rassistisch und vorurteilsbehaftet gegenüber ethnischen Minderheiten. Auf diesen Bericht folgten einige Empfehlungen zur Umgestaltung der Polizeiorganisation.

3.1.3 „Bewerbungstourismus" – Eine Coping-Strategie auf kulturelle Dominanz

Die diskursabhängige polizeiinterne Bestimmung von formalen und informellen Einstellungskriterien sowie die damit verbundene Organisationsrationalität bilden den Handlungsrahmen für die Bewerber in den Einstellungs- und Testverfahren. Dabei geht die Organisation tendenziell[76] von einem Selbstverständnis aus, dass die jeweiligen Einstellungsbedingungen zur Bestimmung der „richtigen" Bewerber führen können. Die Erwartungen an die Bewerber und das Personal sind hierbei institutionalisiert und steuern den Auswahlprozess. Die Bewerber sind in erster Linie zur Reaktion auf den Handlungsrahmen der Organisation „gezwungen". Da die formalen Anforderungen in den jeweiligen Länderpolizeien divergieren, beispielsweise variieren die Voraussetzungen hinsichtlich der Körpergröße von Land zu Land, kommt es infolge von reaktiven Handlungen zu einer Art „Bewerbertourismus". Eine Bewerberin aus Bayern kann sich z.B. nicht in ihrem Heimatland bewerben, da sie zu klein für die geforderte Mindestkörpergröße von 1,63m ist. In Schleswig-Holstein liegt aber die Körpergröße nur bei 1,60m. Das führt zu einer erzwungenen Mobilität, wenn der Wunsch, den Polizeiberuf auszuüben, groß genug ist. Ähnlich verhält es sich mit anderen Kriterien. Ein Berliner, der über dem dort geforderten NC von 2,7 liegt, wird sich vielleicht unfreiwillig in einem anderen Land bewerben müssen.[77] Das führt sowohl die Bewerber als auch die Landespolizei in ein Dilemma, denn im Grunde sind die Einstellungsstellen bemüht, vornehmlich für den Polizeiberuf Interessierte zu rekrutieren, die einen regionsbezogenen oder milieuspezifisch-urbanen Hintergrund haben und der entsprechenden Landespolizeibehörde nachhaltig erhalten bleiben. Und obwohl diese „kulturelle" Differenz bei der Frage nach den „Richtigen" aktuell einen höheren Stellenwert zu besitzen scheint als ethnische Differenz, verhindert eine prinzipiell dogmatische Haltung in Bezug auf den Gleichheitsgrundsatz und die erwarteten Qualifikationsanforderungen eine reflexiv gesteuerte und problembezogene Veränderungsbereitschaft in Bezug auf die polizeiliche Einstellungspraxis.

---

[76] Nicht alle Länderpolizeien haben ein ähnliches Selbstverständnis. Vielmehr sind zwei Grundpositionen erkennbar, welche man als konservativ vs. innovativ – Dichotomie bezeichnen könnte. Für eher „konservativ" orientierte Länder scheint die Notwendigkeit von Eigenverantwortung und Veränderung als weniger erforderlich zu gelten.

[77] Ähnlich verhält es sich in Bezug auf die Wahl des Universitätsstudiums.

3.1.4 Quantität vor Qualität? – Eine zusammenfassende kritische Betrachtung der Bestenauslese oder: „Wir wollen die Besten, aber wissen nicht wer sie sind“

Fragt man nach Chancen und Hindernissen der Rekrutierung von Beamten mit Migrationshintergrund im Kontext der strukturellen Rahmenbedingungen der polizeilichen Einstellungspraxis, so stößt man auf grundsätzliche Aspekte der Personalauswahl. In der Polizei geht man zwar von einer Bestenauslese aus und bezieht sich auch immer wieder explizit auf ihre prinzipielle Einhaltung. Allerdings erscheint eine tatsächliche Identifizierung der besten Bewerber gerade aufgrund der innerpolizeilichen Unklarheit über die für den Polizeiberuf aussagekräftigen Qualifikationen hinterfragbar. Vielmehr scheinen hohe Bewerberzahlen Standardfestlegungen zu fördern, die sich auf die Kriterien Bildung, Leumund, Gesundheit beziehen. Eine Positivauswahl von Bewerbern und Veränderung von Auswahlstrategien erscheinen unter diesen Bedingungen besonders erschwert. Polizeiinterne Unklarheiten über praxis- und ressourcenabhängige Definitionen von benötigten polizeilichen Kompetenzen fördern einerseits zusätzlich die Anwendung von Standardkriterien. Andererseits erscheint eine spezielle und gezielte Werbung um zukünftige Beamte nicht möglich und notwendig. Dass es dennoch einen hohen Bewerberandrang bei deutschen Polizeien gibt, ist sicherlich zum einen mit der momentanen strukturellen Arbeitsmarktlage in Deutschland zu erklären. Dementsprechend ist der Polizeiberuf nach einem Artikel der ZEIT[78] zum beliebtesten Beruf für die im Rahmen der nachgezeichneten Studie befragten Jugendlichen avanciert. Die mit dem Beamtenstatus verbundene perspektivische Sicherheit und die relativ gute und steigerbare Entlohnung von Polizeiarbeit wirken in Zeiten ökonomischer Unsicherheit scheinbar besonders attraktiv. Darüber hinaus legen Polizeiorganisationen teilweise selbst großen Wert auf hohe Bewerberzahlen. In Schleswig-Holstein begründet man diese Haltung mit der Befürchtung nicht genügend polizeidiensttaugliche Bewerber zu bekommen, wenn Bewerberzahlen reduziert würden. Deshalb ist eine Absenkung des NC's in Schleswig-Holstein, anders als in Berlin, zunächst undenkbar.[79][80] Dementsprechend bleiben formale Grundvoraussetzungen allgemein aber auch unhinterfragt. Sie scheinen nicht selten eher einer Art Funktionalisierung zu dienen, wenn die Organisation Einfluss auf den Umfang des jeweiligen Bewerbungsdurchganges nehmen will. Tendenziell beschränken sich deutsche Polizeiorganisationen bei der Rekrutierung von neuen Organisationsmitgliedern zudem auf eine selbstbestätigende abwartende Haltung. „Wer zur Polizei will, der kommt“[81] scheint die Devise zu sein. Ausgewählt werden

---

[78] ZEIT: „Gebt mir eine Uniform“, Ausg. 37/ 2006.

[79] Expertengespräch in der Landespolizei Schleswig-Holstein.

[80] Schleswig-Holstein hat allerdings nicht wie Berlin mit fünfstelligen Bewerberzahlen zu tun, hier liegen die Zahlen durchschnittlich im unteren vierstelligen Bereich.

[81] Aussage („O-Ton“) eines einstellenden Beamten im Rahmen der 2. Good-Practice-Konferenz .

dann vornehmlich Kandidaten, welche allein aufgrund ihrer Sozialisation und dem damit erworbenen kulturellen Kapital bereits den institutionalisierten Mitgliedschaftsbedingungen entsprechen. Ausnahmen greifen meistens erst dann, wenn positive Zukunftsprognosen für Defizitkandidaten eine spezielle Förderung vor Eintritt in den Polizeivollzugsdienst ermöglichen. Dies geschieht oftmals in Verbindung mit speziellen polizeifunktionalen Ansprüchen, wenn Anwärter, zusätzlich zu den geforderten Kenntnissen, besondere Kompetenzen mitbringen.[82]
Aufgrund der fehlenden gezielten Werbestrategien und der allgemein vorausgesetzten grundlegenden Standardkriterien ließe sich weiterhin annehmen, dass selbst qualitativere Auswahlkriterien nicht zwingend zu einer Bestenauslese führen würden. Man wird nüchtern annehmen müssen, dass „die Besten von denen genommen [werden], die sich bewerben, [sich] aber nicht die Besten [bewerben]" (BEHR 2007, S. 282). Dies wird überall gemutmaßt, bekommt jedoch aufgrund des dogmatischen Bezuges auf die Bestenauslese bei der Auswahl für den Polizeidienst besondere Relevanz. Eine Dozentin einer Fachhochschule für Öffentliche Verwaltung scheint diese Vermutung zu bestätigen, indem sie während einer Podiumsdiskussion zur 2. Good-Practice-Konferenz den Verdacht äußerte, in ihren Veranstaltungen nicht die „Crème de la Crème Deutschlands" vor sich zu haben.
Aufgrund der Fragen, die sich in Gesprächen mit Einstellungsverantwortlichen bisher ergaben, ist davon auszugehen, dass innerpolizeiliche Diskurse zur Personalentwicklung sich zumindest teilweise aktuell tatsächlich darum drehen, wer die richtigen Bewerber sind und wie diese erreicht werden können. Wenn diese Überlegungen zu gezielteren Werbestrategien führten, könnten trotz einer geringeren Anzahl von Kandidaten genügend qualifizierte Personen identifiziert werden. Damit würden sich auch neue Alternativen von Anforderungskriterien ergeben. Ideen und Ansätze gibt es hierzu bereits vereinzelt und beziehen sich auf den Anspruch, Werbung früher und dienstleistungsorientierter anzusetzen, indem Schulen und Vereine stärker einbezogen werden. Dazu soll die Betonung von berufsbezogenen Adjektiven die Polizei transparenter und attraktiver machen. Dies erscheint insofern sinnvoll, als dass man nach einer Befragung der Verwaltungsfachhochschule Wiesbaden an Oberstufen an Wiesbadener Gymnasien davon ausgehen kann, dass die wenigsten „potenziellen" Bewerber ausreichende Informationen über den Polizeiberuf besitzen. 81% der Befragten kannten die Einstellungsvoraussetzungen nicht oder nur unzureichend. Zwei Drittel aller befragten Schüler formulierten geringes oder kein Interesse am Polizeiberuf (HÄBERLE 2005). Hier könnte das Interesse vermutlich mit gezielteren Werbestrategien gesteigert werden. Allerdings sollten diese aus einer konkreteren Definition von polizeispezifischen Kompetenzen heraus entstehen, denn sonst könnte dies zu noch höheren Bewerberzahlen führen. Erste innovative Ansätze beziehen sich auch auf die Umgestaltung und Schulung des Einstellungspersonals. Aus dem Problembewusstsein heraus, dass „die Alten die

[82] Wie im Falle der bereits oben erwähnten Bewerberin mit polnischem Hintergrund.

Jungen rekrutieren", werden im Bereich des Polizeipräsidiums Frankfurt am Main verstärkt „Peers" als Einstellungsberater eingesetzt.[83]
Bei der Frage nach den gewollten Besten, bzw. den am besten Passenden, und den dafür am besten geeigneten Anwerbestrategien gerät jedoch die Rekrutierung von Migranten in den Hintergrund des innerpolizeilichen Diskurses. Regions- und Milieuidentifikationen scheinen für die Polizei bedeutsamere Qualifikationen zu sein. Dies könnte im Hinblick auf Migranten auf zweierlei Wegen gedeutet werden: Entweder ist man tendenziell weniger an der Einstellung von Migranten interessiert oder ethnische Herkunft verliert an Bedeutung, sobald andere Kriterien erfüllt sind. Nicht zuletzt stellt sich die Frage nach der Rekrutierung von Migranten im Zusammenhang mit der Frage nach den Besten möglicherweise nicht, da sie aufgrund der aktuellen Einstellungsbestimmungen weniger häufig als bestgeeignete Bewerber identifiziert werden.

3.2 Führt kulturelle Dominanz zu besonders assimilierten Bewerbern? – Erste Explikation empirischer Ergebnisse

An die Frage danach, inwieweit die bisher angesprochenen Mechanismen kultureller Dominanz dazu führen, dass sich vornehmlich „besonders assimilierte" Migranten für den deutschen Polizeidienst bewerben, schließen sich zunächst zwei ungeklärte Aspekte an. 1. Warum ist die Frage nach assimilierten oder nicht assimilierten Bewerbern im Rahmen dieser Arbeit interessant? 2. Was ist überhaupt unter einem „assimilierten Migranten" zu verstehen? Die erste Frage lässt sich durch den Verweis auf die bereits diskutierten politischen und organisationsinternen Ansprüche relativ knapp beantworten. Inhaltlich fordern diese nämlich in ihrer Tendenz die Nutzbarmachung kultureller Vielfalt sowie die Entsprechung einer multikulturellen Gesellschaft. Würden polizeiliche Einstellungsmechanismen die Rekrutierung von assimilierten Migranten fördern, hätte die Organisation ihre Ziele insofern verfehlt, als dass man davon ausgehen kann, dass mit einem hohen Assimilationsgrad auch zunehmend kulturelle Vielfalt verloren geht. Daran schließt sich direkt die Frage nach konzeptionellen Charakterisierungsmöglichkeiten von besonders assimilierten Bewerbern an sowie deren Abgrenzungsmöglichkeiten zum Integrationsbegriff.
Eine binäre Unterscheidung der Begriffe Integration und Assimilation existiert in entsprechenden wissenschaftlichen Diskursen nicht. War das Konzept der Assimilation in früheren Ansätzen noch als einseitige Anpassungsleistung negativ konnotiert, ist es heute untrennbar mit dem Integrationsansatz verknüpft. Idealtypisch verband man mit dem Begriff der Integration insbesondere in

[83] Information des Leiters des Auswahldienstes eines PP in Hessen im Rahmen der 2. Good-Practice-Konferenz.

klassischen Einwanderungsländern (USA, Schweden, Australien etc.) die Anerkennung von Differenzen in einer multikulturellen Gesellschaft. Assimilationsleistungen, welche die Bildung nationaler, homogener Gemeinschaften fördern, standen diesem Verständnis von Integration entgegen (BADE/BOMMES 2004). Inzwischen nehmen immer mehr Fachleute Abstand von einer solch binären, negativ/positiv kodierten Konzeption, da Multikulturalisierungspolitiken in diesen Ländern tendenzielle und scheinbare Auswirkungen auf die Bildung sozialer und räumlicher Segmentation ethnischer Bevölkerungsgruppen hatten. Diese Entwicklungen lenkten den wissenschaftlichen Blick auf die Bedingungen, unter denen Migranten Lebenschancen in der Aufnahmegesellschaft realisieren und nutzbar machen können. „Kriterium dafür ist der Zugang zu Ressourcen wie Arbeit, Bildung, Einkommen und Gesundheit. Bedingung dafür wiederum ist die Erfüllung von sozialen Erwartungen, die den Zugang zu diesen Ressourcen regulieren" (BADE/BOMMES 2004, S. 13). Assimilation ist in diesem Kontext als eine Verhaltensanpassung von Migranten an die gesellschaftlich konstituierten und institutionalisierten Erwartungen zu verstehen. ESSER definiert (2004) Assimilation demgemäß übergeordnet als Angleichung gesellschaftlicher Akteure an einen gewissen Standard, was jedoch nicht mit einer erzwungenen oder auferlegten Homogenisierung gleichzusetzen ist. Die Grundidee der Assimilationstheorie besteht darin, dass gesellschaftliches Verhalten in Bezug auf Bildungs-, Arbeitsplatz-, Wohnortentscheidungen etc. als Investition verstanden werden kann, mittels derer ein Zugang zu höheren Gütern erreicht werden soll. Eine Ausrichtung der Lebensverhältnisse auf dieses Ziel, z.B. infolge von Migration, führt dann langfristig zu einer Anpassung der zur Zielerreichung erforderlichen Verhaltensweisen. Hierbei ist die Aufenthaltsdauer in der aufnehmenden Gesellschaft entscheidend, d.h. Assimilation ist auch ein Intergenerationeneffekt, von dem angenommen wird, dass er im Zeitverlauf zwangsläufig erfolgt.

Assimilation nimmt auf verschiedenen konzeptionellen Betrachtungsebenen unterschiedliche Bedeutungen an. Differenziert werden kann die Sozialintegration, die Systemintegration sowie die Bedeutung sozialer Strukturen, wobei sich letztere Aspekte auf gesamtgesellschaftliche Entwicklungen beziehen, indem die Integration eines sozialen Systems als Gesamtheit sowie die Ausprägung gesellschaftlicher Ungleichheiten Beachtung finden. Die Frage nach sozialer Integration bezieht sich auf die Inklusion der Akteure „in bereits bestehende soziale Systeme" (ESSER 2004, S. 46). Die Bedeutung der Sozialintegration enthält vier entwicklungsrelevante Aspekte: 1. die Kulturation, welche speziell sprachliche Sozialisation und generell die Übernahme von kulturellem Wissen und Techniken meint, 2. die Platzierung, die von einer Übernahme gesellschaftlicher Rechte ausgeht und damit auch die Positionierung auf dem Bildungs- und Arbeitsmarkt anspricht, 3. die Interaktion, welche sich auf die Qualität und Quantität interethnischer Beziehungen bezieht, sowie 4. die Identifikation als Entwicklung von Loyalitätsbeziehungen zum jeweiligen sozialen System. ESSER (2004) bezeichnet soziale Integration als individuelle Assimilation, wenn sich Annäherung und Integration nur auf die Aufnahmegesellschaft beziehen. Dagegen ist multiple Inklusion in diesem Kontext

als Integration in die Herkunftsgruppe bei gleichzeitiger Annäherung an die Zielgesellschaft charakterisiert. Eine zentrale Ausprägung dieser Form der Integration ist die Bilingualität. Weitere Effekte beziehen sich auf Marginalität und individuelle Segmentation.
Von diesen theoretischen Idealkonstruktionen ausgehend, kann eine Person also als individuell vollständig assimiliert gelten, wenn alle vier Aspekte in Anlehnung an die Kultur der aufnehmenden Gesellschaft erfüllt sind. Die polizeilichen Einstellungskriterien haben auf individueller Ebene gewiss keinen Einfluss auf Assimilationsleistungen der einzelnen Akteure. Allerdings tragen sie möglicherweise dazu bei, dass sich in erster Linie Migranten für den Polizeiberuf bewerben und die Aufnahmeprüfungen bestehen, die sich in nahezu allen relevanten Aspekten der individuellen Assimilation den theoretischen Idealkonzepten in ihrer lebensweltlichen Ordnung angenähert haben. An dieser Stelle sei erneut angemerkt, dass dies nicht nur für Bewerber mit Migrationshintergrund gilt. Genauso wenig interessieren sich womöglich Einheimische, die gesellschaftlich nicht „vollständig integriert" sind für den Polizeiberuf. Dementsprechend werden unter Bewerbern kaum „ Marginalisierte" oder „Abweichler" von der gesellschaftlichen Norm zu finden sein (z.B. Staatskritiker, „Aussteiger", vorbestrafte Personen etc.)[84].
In Bezug auf das Assimilationskonzept geht man davon aus, dass es einen institutionellen und kulturellen Kern der Aufnahmegesellschaft gibt, der, in der Annahme, dass Assimilation als Investitionsstrategie gilt, Migranten über alle Differenzen hinweg an sich bindet. Die kulturellen und institutionellen Funktionsbedingungen der Aufnahmegesellschaft bilden dabei die konstitutionellen Kontexte, innerhalb derer Assimilationsprozesse stattfinden. Als legitime Ordnungsmacht mit monopolistischer Gewaltlizenz (HERRNKIND/SCHEERER 2003) zählt die Polizei zweifellos zum institutionellen Kern der Gesellschaft in Deutschland. Ihre Konstitution, Funktionsweise und Aufrechterhaltung spiegeln wesentliche gesellschaftliche und staatliche Funktionsbedingungen wider, die sich wiederum in sozialen Erwartungen und Mitgliedschaftsbedingungen niederschlagen. Dementsprechend ist davon auszugehen, dass der Aufnahme von Migranten in der Organisation einige Investitionsleistungen im Sinne des Assimilationskonzeptes derjenigen vorausgegangen sind (z.B. im Bereich Bildung), welche die organisationsinternen Erwartungen erfüllt haben.[85] Hypothetisch möglich wäre, dass die Aufnahme in die deutsche Polizei eine wahrgenommene Möglichkeit oder Konsequenz darstellt, einen hohen Grad an Anerkennung und Etablierung in der Gesellschaft zu erreichen. In Anlehnung an ELIAS/SCOTSON (1993) kann (Selbst-)

[84] Man muss der Vollständigkeit halber hinzufügen, dass sich auch Personen, die in dieser Terminologie als „vollständig" integriert zu bezeichnen wären, nicht für den Polizeiberuf interessieren oder nicht von der Polizei angenommen werden würden (Pazifisten, Intellektuelle, Avantgardisten, Künstler etc.).

[85] Hier ist zu vermuten, dass diese Investitionen wenig zielgerichtet ablaufen (z.B. mit Bezug auf den Polizeiberuf), sondern vielmehr mit dem generellen Anspruch „etwas zu werden", worin sich der Wunsch nach Prestige und materiellem Gewinn verbirgt.

Disziplinierung in diesem Kontext als Mechanismus von Assimilationsprozessen betrachtet werden, die den normativen Ansprüchen eines geordneten Lebens gerecht werden soll, um zu den „Etablierten" zu gehören.
Im Folgenden sollen anhand sechs qualitativer Interviews mit Kommissaranwärtern[86] deren Leistungen bezüglich der oben angeführten theoretischen Entwicklungsstadien von Assimilation nachgezeichnet werden. Da die vorliegende Untersuchung nicht die empirische Überprüfung der Assimilationstheorie zum Ziel hatte, waren die Interviews konzeptionell auch nicht darauf ausgelegt. Dementsprechend wurden auch keine zuvor festgelegten Kriterien überprüft, um Aufschluss über den Assimilationsgrad der Interviewten zu geben. Die folgende Darstellung kann deshalb lediglich als empirisch nachweisbare Beschreibung von Tendenzen verstanden werden.
Zunächst einmal ist bezüglich des oben angesprochenen Intergenerationeneffektes anzumerken, dass alle Interviewteilnehmer der so genannten „2. und 3. Generation" angehören, beziehungsweise eine Befragte von deutschen Eltern ohne Migrationshintergrund im asiatischen Ausland adoptiert wurde. Vornehmlich sind entweder ein Elternteil oder beide Elternteile im Zuge der Gastarbeiteranwerbung nach Deutschland migriert.

„Mein Vater ist seit 30 Jahren in Deutschland. Der ist quasi mit 16, 17 Jahren hier hingekommen. Erst war mein Opa hier als Arbeiter, dann kam mein Vater, dann ist mein Opa wieder zurück. Mein Vater hat dann ein paar Jahre hier gearbeitet. Im Urlaub in der Türkei hat er meine Mutter kennen gelernt, die haben zwei Jahre so zusammen gelebt und dann haben sie geheiratet und dann ist meine Mutter auch hier hin."[87]

Der erste Aspekt der assimilatorischen Entwicklungsstadien betrifft die Kulturation, welche die Aneignung von gesellschaftshistorisch konstituiertem kulturellem Wissen der Aufnahmegesellschaft meint. Grundlegend ist hierbei der Erwerb sprachlicher Kompetenzen gemeint, welcher hier auch nur Berücksichtigung finden soll. Da die Einstellungsvoraussetzungen für den Polizeidienst im Bereich Sprache sehr hoch liegen und als starke Exklusionsmechanismen nachzuvollziehen sind (s. Kapitel 3.1.2), ist von sehr guten Sprachfähigkeiten der Interviewteilnehmer auszugehen. Tatsächlich wurde dieses Thema in den Gesprächen nicht explizit erwähnt. Als eine Art Umkehrschluss kann dies jedoch empirisch anhand der in den

[86] Es handelt sich also um Migranten in der Ausbildung zum gehobenen Dienst. Sie haben formal den Status „Beamte auf Widerruf" und kommen erst nach Bestehen der Staatsprüfung in den täglichen Dienst des Polizeivollzugsdienstes. Teilgenommen haben ein Anwärter mit indischem Intergrund (beide Eltern aus Indien), ein Anwärter mit koreanischem Hintergrund (Mutter aus Korea), zwei Anwärter und eine Anwärterin mit türkischem Hintergrund (jeweils beide Eltern aus der Türkei), sowie eine Anwärterin mit malaysischem Hintergrund (in Malaysia geboren, in Deutschland bei einheimischen Adoptiveltern aufgewachsen).
[87] Kommissaranwärter mit türkischem Hintergrund.

Interviews angesprochenen Versuche, nachträglich die jeweilige Heimatsprache zu erlernen, bestätigt werden. Mit Blick auf die in Kapitel 3.1.2 bereits angesprochene Bedeutung der Sprachkompetenzen der Eltern für die Sprachentwicklung ihrer Kinder, bestätigen die Interviewpartner zusätzlich überwiegend gute sprachliche Fähigkeiten ihrer Eltern.

„Meine Mutter hat versucht, mir koreanisch beizubringen als äh, als Kind, aber das hat nie so geklappt, weil sie deutsch gesprochen hat, weiß ich, Kindergarten, deutsche Schule und es blieb dann eigentlich dabei...“[88]

„Ich war zwar hier jeden Samstag damals als Jugendlicher oder als Kind sozusagen auch noch auf 'ner indischen Schule. Jeden Samstag ging das. Da hat man halt unsere Sprache vermittelt bekommen von indischen Lehrern halt, wo wir halt das Schreiben und das Lesen gelernt haben, aber im Schreiben und Lesen bin ich halt auf dem, auf dem Stand eines indischen Grundschülers dann halt, weil es ist ja halt ne ganz andere Sprache...“[89]

Keiner der sechs Interviewteilnehmer kann sehr gute Kenntnisse der Heimatsprache in Wort und Schrift vorweisen. Dementsprechend sind auch alle als deutsche Staatsbürger in den Polizeivollzugsdienst eingetreten, denn mit einer ausländischen Staatsbürgerschaft hätten sie diese Kenntnisse als Surplus-Leistungen erbringen müssen. Im Falle des oben zitierten indischen Kommissaranwärters haben diese Mitgliedschaftsbedingungen sogar zur Aufgabe seiner indischen Staatsbürgerschaft geführt.
In Bezug auf den Aspekt der Positionierung könnte auch ohne Einbezug der Interviews mit Blick auf das (Fach-)Abitur als Einstellungsvoraussetzung konstatiert werden, dass Migranten, die die Aufnahme in den Polizeidienst vollzogen haben, auch ein höchstes Maß an schulischer Ausbildung vorweisen können. Weiterführend wäre in diesem Zusammenhang zu prüfen, welche Bedeutung kulturelles Kapital in den Familien der Kommissaranwärter spielt, denn in Anlehnung an BOURDIEU (1983) ist „[...] die Transmission kulturellen Kapitals in der Familie [...] die am besten verborgene und sozial wirksamste Erziehungsinvestition“ und es ist anzunehmen, „[...] dass der schulische Ertrag schulischen Handelns vom kulturellen Kapital abhängt, das die Familie zuvor investiert hat, [und] dass der ökonomische und soziale Ertrag des schulischen Titels von dem ebenfalls ererbten sozialen Kapital abhängt [...]“ (EBD., S. 186). Hieraus lässt sich ableiten, dass Bildung und beruflicher Status der Eltern einen nicht unerheblichen Einfluss auf schulische und berufliche Investitionen der Kinder haben. Der überwiegende Teil der Eltern der Interviewteilnehmer hat dementsprechend eine Ausbildung in höheren Arbeitsmarktsegmenten absolviert. In drei Fällen hat mindestens ein Elternteil im jeweiligen Heimatland studiert, in zwei Fällen haben die Mütter bereits in ihren

[88] Kommissaranwärter mit koreanischem Hintergrund.

[89] Kommissaranwärter mit indischem Hintergrund.

Herkunftsländern eine Ausbildung zur Krankenschwester abgeschlossen. Die Eltern zweier Interviewpartner sind heute im öffentlichen Dienst beschäftigt (Krankenhaus, Veterinäramt). Auffällig erscheint, dass lediglich die ausgebildeten Krankenschwestern auch in Deutschland in ihren Berufen arbeiten. Die Elternteile mit akademischer Ausbildung haben entweder umgeschult oder arbeiten nicht. Die Eltern eines Interviewpartners sind im produzierenden Gewerbe beschäftigt.

„... mein Vater war da zur Zeit Ingenieur bei der indischen Armee und musste dann auch eine Umschulung machen, et cetera, und dann wurd' der hier auch Krankenpfleger.[...] Ja, die sind hier in, die sind Angestellte im öffentlichen Dienst halt, bei der Stadt Köln...“ [90]

„Meine Mutter hat [...] Pädagogik studiert und wollte zuerst hier weiter studieren, hat dann aber wegen Sprachkenntnissen, also wegen fehlenden Sprachkenntnissen ist das gescheitert.“[91]

Des Weiteren können anhand der Interviews eine hohe Relevanz der schulischen Bildung in den Familien und entsprechende Unterstützungsleistungen der Eltern identifiziert werden, die in klarer Verbindung mit einem Integrationswunsch stehen können.

„Weil, alle, also wie gesagt, alle indischen Eltern, die ich kenne, die sind darauf bedacht, dass sich ihre Kinder halt schnell integrieren, dass sie gute Leistungen in der Schule zeigen, dass sie halt es zu etwas bringen.“[92]

Folglich haben auch die meisten Geschwister der Interviewteilnehmer eine höhere Ausbildung absolviert oder befinden sich gerade in einer solchen.
Aufschluss über den dritten Aspekt der theoretisch konstruierten Assimilationsleistungen, die Quantität und Qualität interethnischer Beziehungen, geben Hinweise der Befragten auf ihre freundschaftlichen und verwandtschaftlichen Kontakte. In den vier Fällen, in denen diese nachvollziehbar sind, haben Beziehungen zu Einheimischen generell größere Relevanz.

„Ich hab, ich hab nicht einen einzigen türkischen Freund, ich habe vielleicht türkische Bekannte, aber ich hab keine türkischen Freunde[93]*.“*

„Ich habe nur deutsche Freunde, also von daher... bei manchen Immigranten ist das was anderes, wenn man in dieser Kultur vielleicht noch'n bisschen lebt...“[94]

---

[90] Kommissaranwärter mit indischem Hintergrund.

[91] Kommissaranwärterin mit türkischem Hintergrund.

[92] Kommissaranwärter mit indischem Hintergrund.

[93] Kommissaranwärter mit türkischem Hintergrund.

[94] Kommissaranwärterin mit malaysischem Hintergrund.

Mit dem letzten Zitat deutet sich eine Entwicklung an, die insofern konzeptionell der individuellen Assimilation zugeordnet werden kann, als dass sie zumindest im Hinblick auf persönliche soziale Beziehungen auf eine „soziale Integration (nur) in die Aufnahmegesellschaft" (ESSER 2004, S. 46) hinweist. In Abgrenzung dazu steht die „individuelle Segmentation als die soziale Integration des Akteurs (nur) in die ethnische Gruppe" (EBD., S. 46), welche kein generelles Handlungsmuster der Befragten und ihrer Familien zu beschreiben scheint.

„... wir durften immer mit deutschen Freunden, durften immer zu uns kommen, wir durften zu denen. Das war jetzt anders als bei anderen türkischen Kindern, die haben dann nur unter sich gespielt. Aber für uns war das kein Thema, dass uns jemand besucht hat oder dass wir da hingegangen sind."[95]

Am schwierigsten herauszuarbeiten ist wohl der letzte Aspekt der theoretisch konstruierten Assimilationsentwicklung, der sich um Identifikationsleistungen mit der Aufnahmegesellschaft dreht. Insbesondere Loyalitätsbeziehungen zum jeweiligen sozialen System sollen Auskunft über die Qualität der Identifikation geben (ESSER 2004). Aus den Interviews lassen sich tendenziell zwei Entwicklungen ableiten, die Hinweise auf die Identifikation zur Aufnahmegesellschaft geben. Zum einen betrifft dies die „kulturelle Identität", die sich aus dem Ausmaß der Übereinstimmung mit der Herkunfts- und/oder „Zielkultur" ableiten lässt und zum anderen konkrete Loyalitätsgefühle gegenüber des deutschen Staates, die häufig im konkreten Zusammenhang mit der Berufswahl und -ausübung stehen.
Die kulturelle Identität scheint sich bei allen Befragten primär an der Aufnahmegesellschaft zu orientieren. Dazu gibt es zwar keine konkreten Aussagen der Teilnehmer, aber auch hier ist, wie schon im Fall der Sprachkompetenzen, ein gewisser Umkehrschluss möglich, indem zumindest ansatzweise nachgezeichnet werden kann, welche Qualität die Berührungen mit der Herkunftskultur haben. Diese fallen sehr gering aus und bezeichnen vielmehr eine Art künstlich nachkonstruierte Besonderheit oder Spezialität, die die als selbstverständlich begriffene eigentliche kulturelle Identität lediglich tangieren. Die nachträglichen Bemühungen, kulturelle Traditionen und Besonderheiten der Herkunftskultur zu erlernen, sind teilweise zur Nullsumme rationalisiert bzw. die erlernten Fähigkeiten als Vorteile verschaffender Zusatz interpretiert.

„Wir waren früher auch in der Koranschule. In den Ferien z.B. wenn Osterferien waren, dann mussten wir jeden Tag da hingehen, aber das war halt auch okay, also das war halt keine Last."[96]

[95] Kommissaranwärterin mit türkischem Hintergrund.

[96] Kommissaranwärterin mit türkischem Hintergrund.

„... ich selbst bin noch nie in Korea gewesen, es sind schon koreanische Verwandte zu Besuch gewesen, das war mal sehr interessant, aber eigentlich muss ich sagen, dass abgesehen von meinem Aussehen zur Hälfte, dass da wenig hängen geblieben ist...“[97]

„Meine Mutter legt auch sehr großen Wert darauf, dass wir die Muttersprache noch kennen oder hat vorher auch darauf bestanden, dass wir die türkische Schule besuchen und versucht, das so ein bisschen parallel auch beizubehalten. Ich bin ihr jetzt halt auch sehr dankbar, obwohl früher war es sehr nervig, nachmittags noch dahin zu gehen. Aber jetzt ist es halt okay, bzw. sehr vorteilhaft.“[98]

Einige Aussagen lassen außerdem auf eine völlige Vermeidung und Ablehnung von möglichen Fremdwahrnehmungen mit Bezug auf die jeweilige Herkunftskultur schließen.

„Ich habe bis zu meinem 16. oder 17. Lebensjahr kein Tsatsiki gegessen, weil ich Komplexe hatte, dass die Leute sagten: Guck mal das ist typisch türkisch!“[99]

Loyalitätsempfindungen gegenüber der Aufnahmegesellschaft verdeutlichen insbesondere in Erzählungen, welche die Frage nach der Notwendigkeit der deutschen Staatsangehörigkeit für den Polizeidienst aufgreifen. Grundsätzlich ist keiner der Befragten der Meinung, dass Polizisten die deutsche Staatsbürgerschaft besitzen sollten. Allerdings wird über eine Angleichung an die Gesellschaftskultur hinaus grundsätzlich die Identifizierung mit den die Gesellschaft konstituierenden Grundlagen, wie z.B. dem Grundgesetz, vorausgesetzt. Dabei kristallisieren sich tendenziell zwei Typen[100] von Beamten mit Migrationshintergrund heraus: Zum einen diejenigen, die migrantischen Polizisten insgesamt die Eigenschaft „deutsch“ zuschreiben und zum anderen diejenigen, welche einen Unterschied zwischen Polizeiidentität und die auf die private Lebensordnung bezogene kulturelle Identität sehen.

„...Migranten bei der Polizei sind keine Ausländer, sondern sind Deutsche, die das gleiche Rechtsdenken haben, dieses westliche Denken quasi auch verinnerlicht haben...“[101]

„... aber schon, ähm, was das Dienstliche angeht, muss man sich auch schon mit dem deutschen Gesetz identifizieren.“[102]

---

97 Kommissaranwärter mit koreanischem Hintergrund.

98 Kommissaranwärterin mit türkischem Hintergrund.

99 Kommissaranwärter mit türkischem Hintergrund.

100 Falls man bei einer Fallzahl von sechs Interviews schon von idealkonstruierten Typen sprechen sollte.

101 Kommissaranwärterin mit türkischem Hintergrund.

„Muss ich deutscher Staatsbürger sein? Ich denke nicht, dass wir uns... Mentalität bleibt doch ein bisschen erhalten, ne, Kultur bleibt erhalten. Nur was halt dienstlich ist, ne, das ist so.“[103]

Eine Kernaussage, die sich aus den Zitaten interpretieren ließe, könnte lauten: Die Selbstwahrnehmung von Polizisten mit Migrationshintergrund bezieht sich im beruflichen Kontext auf die Eigenschaft „deutsch“ und sie sehen diese als Erfordernis, die polizeilichen Aufgaben erfüllen zu können. Insbesondere das letzte Zitat erweckt den Eindruck als ziehe der Polizeiberuf eine berufskulturelle Überformung privater Einstellungen und Lebenspraktiken mit sich. Der Polizeiberuf stellt damit neben anderen Berufen eine Besonderheit dar, indem er ein höheres Maß an kultureller Identifizierung und Loyalität fordert. Auch hierin kommt das weiter oben entwickelte Argument der kulturellen Dominanz der Organisation zum Ausdruck.

„...dann muss man sich mit dieser, diesem Staat, mit dieser Gesellschaft doch ’n bisschen mehr identifizieren als das ein Müllmann muss...“[104]

Um abschließend noch einmal die Frage nach dem Assimilationsgrad der interviewten Kommissaranwärter und den möglichen Beitrag der Einstellungsvoraussetzungen hierzu aufzugreifen, sei noch einmal auf ESSER’S (2004) Definition für individuelle Assimilation hingewiesen: Sie bezeichnet soziale Integration, welche sich überwiegend oder ausschließlich auf die Aufnahmegesellschaft bezieht. Die Dauer des Aufenthaltes ist entscheidend für den Grad der Verhaltensanpassung an soziale Erwartungen einer Gesellschaft. Alle Befragten gehören der zweiten und dritten Generation von Migranten in Deutschland an. Es hat sich gezeigt, dass Leistungen der Kulturation im Sinne des Erwerbs von Sprachkompetenzen unter den Interviewteilnehmern ein hohes Niveau aufweisen. Das schulische Bildungsniveau ist mit der (Fach-)Hochschulreife ebenfalls als hoch anzusiedeln, allerdings nicht als überdurchschnittlich, da inzwischen knapp zwei Drittel aller Schüler das (Fach-)Abitur erwerben[105]. Sprach- und Bildungskompetenzen haben bei den Befragten in nicht unerheblichem Maße durch das kulturelle Kapital der Familie Unterstützung gefunden, denn negative Auswirkungen auf Bildungschancen, die tendenziell für Einwandererfamilien aufgrund der ursprünglichen sozioökonomischen Situation sowie der Positionierung der Eltern auf dem unteren Segment des Arbeitsmarktes im Herkunftsland proklamiert werden, sind nicht identifizierbar. Stattdessen besitzen die Eltern i.d.R. einen höheren Bildungsabschluss, gute Sprachfähigkeiten bezüglich der deutschen Sprache und ein Interesse an einer guten Platzierung ihrer Kinder auf dem hiesigen

[102] Kommissaranwärter mit türkischem Hintergrund.

[103] Kommissaranwärter mit türkischem Hintergrund.

[104] Kommissaranwärter mit koreanischem Hintergrund.

[105] Statistisches Bundesamt, Stand 04/2005.

Bildungs- und Arbeitsmarkt. Zumindest bezüglich der Kulturations- und Bildungsleistungen fordern die Mitgliedschaftsbedingungen der Polizei mittels ihrer fundierten Merkmale Aspiranten mit Migrationshintergrund, welche sich in diesen Bereichen nicht unerheblich der Aufnahmegesellschaft angenähert haben. Für die Qualität und Quantität interethnischer Beziehungen kann dies nicht so ohne weiteres proklamiert werden. Inwieweit Einstellungskriterien eine stärkere Betonung auf soziale Kontakte mit Einheimischen fordern, wäre höchstens im Rahmen von Sekundärmerkmalen zu suchen. Da diese bis zum jetzigen Zeitpunkt für Externe empirisch nicht nachvollziehbar sind, können hierüber auch keine weiteren Aussagen getroffen werden. Es ist lediglich festzuhalten, dass die Interviewpartner auch im Rahmen ihrer persönlichen Beziehungen eine größere Annäherung an die Aufnahmegesellschaft insofern erfahren, als dass Kontakte zu Einheimischen eine größere Relevanz besitzen. Im Hinblick auf den vierten entwicklungsrelevanten Aspekt individueller Assimilation, die Identifikation mit dem jeweiligen sozialen System, ist zu konstatieren, dass Prinzipien der Polizeiorganisation sowie der Gesetzgeber verlangen, „dass Beamte der Werteordnung des Grundgesetzes auch in ihrer persönlichen Gesinnung verpflichtet sind und jederzeit für die verfassungsmäßige Ordnung eintreten [sowie] in ihrer Gesinnung, ihrer Haltung und ihrem Verhalten den Zielen eines freiheitlich demokratischen Rechts- und Sozialstaates hinreichend Rechnung tragen [müssen]“ (BEESE 2000, S. 241). Damit fordert der Polizeiberuf ein höheres Maß an Loyalität zum staatlichen System als die meisten anderen Berufe. Inwieweit sich Bewerber der Grundordnung verpflichtet fühlen, versuchen die Auswahlkommissionen in den persönlichen Gesprächen meist mittels Abfrage des Rechtsbewusstseins und der Rechtskenntnis zu prüfen. Außerdem wollen die Prüfer Loyalitätskonflikten im Polizeialltag präventiv begegnen, indem sie das Solidaritätsempfinden von Bewerbern mit Migrationshintergrund zu möglichen Straftätern aus deren ethnischer Gruppe testen.[106] Und schließlich ist bei Übernahme in die Polizeiausbildung von allen Anwärtern ein Eid auf die deutsche Verfassung abzulegen.

So lässt sich insgesamt festhalten, dass trotz Fehlens eines ausdrücklich auf die Fragestellung konzipierten Erhebungsinstrumentes einige idealkonstruktivistische, wissenschaftlich formulierte assimilatorische Entwicklungstendenzen anhand der vorliegenden Interviews nachgezeichnet werden konnten. Für alle vier entwicklungsrelevanten Aspekte des Assimilationsmodells waren Verhaltensannäherungen an die deutsche Leitkultur auszumachen. Dementsprechend könnten die befragten Kommissaranwärter als tendenziell assimiliert gelten.

[106] Informationen der Leiter der Werbe- und Einstellungsstellen zweier Landespolizeien.

3.3 *Mitgliedschaftsentscheidungen im Prozess sequentiell geordneter Inklusion*

Das folgende Kapitel hat zum Ziel, Bedingungen für Ein- und Ausschluss auf der gesellschaftlichen Ebene am besonderen Beispiel von Organisationen exkursiv aufzugreifen, denn Inklusions- und Exklusionskonzepte sind anders als Assimilationsansätze im Zusammenhang mit internationaler Migration stärker auf die Integration in institutionalisierte Funktionsbereiche einer Gesellschaft ausgerichtet. Ein daraus abgeleiteter politischer Idealanspruch wäre „die Gewährleistung des möglichst gleichberechtigten Einbezugs in diese Institutionen" (BADE/BOMMES 2004, S. 10). Auf der nationalen Ebene ist die Staatsbürgerschaft ein Beispiel für politische Inklusion, welche die politische und wohlfahrtsstaatliche Teilhabe regelt. Durch die Akzeptanz des Multikulturalismus zieht sich „die Politik [allerdings] auf eine Minimalidentität zurück, die nur noch sehr formale Bedingungen für [diese Form der] Inklusion fordert" (STICHWEH 2005, S. 79). Hierbei kann es beispielsweise um zeitliche Maßstäbe wie die Dauer des Aufenthaltes in einer nationalen Gesellschaft gehen. Kulturelle Assimilation stellt deshalb i.d.R. keine Bedingung für den Erwerb von Staatsbürgerschaften dar.
Mitgliedschaftsbedingungen spielen im Rahmen von Ein- und Ausschlussentscheidungen in modernen Gesellschaften generell keine besondere Rolle mehr. Neben anderen Prinzipien konstituiert Mitgliedschaft allerdings seit jeher die formale Organisation. Aus Sicht der Systemtheorie ist die Mitgliedschaft in diesem Kontext ein sehr spezieller Fall von Inklusion. ESSER (2000) spricht in diesem Zusammenhang von einem Einbezug menschlicher Akteure in organisationsbezogenen Erwartungen und Verpflichtungen, welcher wiederum mit Macht und Prestige verbunden ist. Das Gegenteil beschreibt die „Nicht-Mitgliedschaft" (EBD., S. 410). Organisationen als kleinste Einheit von Funktionssystemen dienen Inklusionen und Exklusionen über Mitgliedschaftsregeln dazu, ihren personellen Bestand relativ konstant zu halten. Anders als bei anderen Funktionssystemen versteht sich die Exklusion Vieler dabei nach dem Konstitutionsprinzip von Organisationen von selbst. Üblicherweise bedarf es einer Legitimation der Inklusion oder Exklusion von Personen. Nach STICHWEH (2005) existieren im Zusammenhang mit Organisationen dazu zwei Mechanismen. Zum einen findet im Rahmen der Frage von Mitgliedschaft eine situativ abhängige Bezeichnung von Personen statt. Für LUHMANN (2005b) kann sich „Inklusion (und entsprechend Exklusion) [demnach] nur auf eine Art und Weise beziehen, in der im Kommunikationszusammenhang Menschen bezeichnet, also für relevant gehalten werden" (EBD., S. 229). Zum anderen ist die Erwartungsbildung im Verhältnis von Organisation und Person ein strukturbildender Mechanismus, der über Mitgliedschaft entscheidet. Während in stark segmentierten Gesellschaften (wie z.B. dem Kastensystem) die Entscheidung über Ein- oder Ausschluss über feste Regeln

erfolgt, ist sie in funktional-differenzierten Gesellschaften weniger reglementiert. Als Beispiel führt LUHMANN (2005b) dazu die Freiheits- und Gleichheitsrechte als ordnungsbildende Grundsätze für Inklusion an, welche diese und ihre Konsequenzen unvorhersehbar machen und Ungleichheiten nur vom jeweiligen System aus entschuldigen lassen. Hinzu kommt die Honorierung von Individualität und den damit verbundenen Qualitäten. Anders als in einem Kastensystem beschreibt die gesellschaftliche Zugehörigkeit hier kein unüberwindbares Dogma. Dennoch bleiben Inklusions- und Exklusionsprozesse Konsequenz der Eigenrationalität des jeweiligen Systems. So können große Teile der Bevölkerung auf relativ widerstandsfähige Weise von der Teilhabe an Funktionssystemen ausgeschlossen bleiben, während sich im Inklusionsbereich parallel dazu systemeigene Formen von Inklusion und Exklusion stabilisieren können. Dies passiert in einem Netzwerk organisationsabhängiger (oder systemabhängiger) persönlicher Aktivitäten und Entscheidungen.

Exklusion ist nicht als Einzelphänomen zu begreifen, sondern ist den Reglementierungen des Zuganges zum Arbeitsmarkt nachgeordnet. Konkret bedeutet dies, dass beispielsweise eine Person, die im Bereich der schulischen Ausbildung lediglich einen Hauptschulabschluss vorweisen kann, ohne weitere Qualifizierungen von höheren Segmenten des Arbeitsmarktes ausgeschlossen bleibt. STICHWEH (2005) beschreibt dies als Effektkumulation, die infolge struktureller Besonderheiten der jeweiligen Organisationen entsteht, indem ihnen inhärente Kommunikationsmuster Rollen- und Positionszuweisungen vollziehen, die zu einer Art sequentiell geordneter Inklusion oder Exklusion führt. Denn für die Mitgliedschaft kommen nur Personen in Frage, die bereits in andere Funktionssysteme inkludiert sind (z.B. dem höheren Bildungssystem). Dies stellt in gewisser Weise eine Innovationsbarriere dar, denn auch im Rahmen einer gewissen Reformbereitschaft „kommen nur Fremde oder *marginal men* in Frage, [...] die schon einmal signifikante Erfolge verzeichnet haben“ (STICHWEH 2005, S. 176).

Kulturelle Dominanz von Organisationen findet ihren größten Ausdruck in Mitgliedschaftsentscheidungen. Nach LUHMANN (2005a) ist Mitgliedschaft nur für Organisationssysteme[107] konstituierend. Sie sichern ihre dauerhafte Reproduktion und stellen damit quasi eine Überlebensnotwendigkeit dar. Im folgenden Kapitel sollen u.a. Sinn und Funktionsweise von Mitgliedschaftsregelungen und –verläufen organisationstheoretisch aufgearbeitet werden. Dabei steht die deutsche Polizei als Organisation im Vordergrund.

[107] Des Weiteren unterscheidet er Interaktionssysteme und Gesellschaftssysteme (vgl. u.a. LUHMANN 2005a).

4 Polizei aus organisationstheoretischer Perspektive – Entwicklung und Funktion von Eigenrationalität und kultureller Dominanz

Aus organisationstheoretischer Sicht existieren einige Erklärungsansätze für die Notwendigkeit, Individualität und Vielfalt zu reduzieren, um die Funktionalität und Stabilität von Organisationen aufrecht zu erhalten. Mitgliedschaftsregelungen beinhalten hierzu einen besonderen Mechanismus, von Bedeutung sind jedoch auch formal-bürokratische Strukturen. Im Folgenden sollen entscheidende Ansätze hierzu vorgestellt sowie vor deren Hintergrund Spezifika polizeilicher Organisationen herausgearbeitet werden. Dabei steht die Entwicklung eigenrationaler Entscheidungen als Ausdruck kultureller Dominanz als mögliche Erklärung für eine geringe Innovationsbereitschaft sowie Abweisung von Vielfalt und Produktion von Konformität im Vordergrund. Zunächst erscheint jedoch eine grundlegende Definition des Begriffes „Organisation" erforderlich.

4.1 Was ist eine Organisation?

Organisationen beschreiben aus dem Blickwinkel der Organisationssoziologie keine feststehenden, klar zu umgrenzenden Gebilde, sondern vielmehr Phänomene, welche als Organisationen definiert werden können. Hierbei handelt es sich generell um spezifische, aufeinander bezogene Interaktionen und Handlungen mehrerer Menschen, welche einem bestimmten dauerhaften Zweck dienen sollen und im Sinne dieses Zweckes formal strukturiert sind. MÜLLER-JENSCH (2003) bietet hierzu eine entsprechende Definition an: „Unter Organisationen verstehen wir das planmäßig koordinierte und zielorientierte Zusammenwirken von Menschen zur Erstellung eines gemeinsamen materiellen oder immateriellen Produkts" (EBD., S. 12). Eine Organisation ist von anderen sozialen Gebilden allein dadurch zu unterscheiden, dass sie zweckgebunden oder zielgerichtet funktioniert und das formulierte Ziel als gemeinsamer Bezugspunkt aller Organisationsmitglieder betrachtet werden kann. Das Organisationsziel bietet den Rahmen für die Bildung von Verhaltensmaximen, welche mittels Organisationsstrukturen Umsetzung finden sollen (KIESER/KUBICEK 1992). Der Begriff der Organisation ist von dem Begriff der Institution zu unterscheiden, wobei eine Differenzierung im wissenschaftlichen Sprachgebrauch nicht immer eindeutig und einheitlich vorgenommen wird. Eine funktionsbezogene Unterscheidung trifft PARSONS (1964), indem er Institutionen als allgemeine soziale Regelsysteme „mit beziehungsstiftender, regulatorischer und sinnstiftender Funktion" (PARSONS 1964, zitiert nach TÜRK 1978, S. 3) beschreibt.

Nach dieser Definition stellen z.B. Recht, Eigentum, Ehe, Staat und Schule etc. Institutionen dar. Organisationen hingegen betrachtet PARSONS als „Systeme kooperativer Beziehungen“ innerhalb derer instrumentelle gegenüber emotionalen Interessen dominieren. Hierin findet sich bereits ein bedeutendes Abgrenzungskriterium zu dem Begriff der sozialen Gruppe, welches weniger instrumentellen Zwecken folgt, sondern geprägt ist durch sympathiebezogene, immer wieder neu verhandel- und wandelbare Interaktions- und Handlungsmuster. Eine Organisation ist aufgrund ihres instrumentellen Interesses der Zielerreichung an eine gewisse Formalisierung von Handlungen, Kommunikation und Interaktion gebunden.

Nach dem heutigen Stand der Organisationssoziologie können drei wesentliche Ansätze zur Betrachtung von Organisationen unterschieden werden. Seit den 1960er Jahren haben systemtheoretische Konzeptionen in erheblichem Maße Eingang in die Organisationssoziologie gefunden. Diese verfolgen eine analytische ganzheitliche Betrachtung des Phänomens der Organisation, welche die Bedeutung der Organisationsumwelt berücksichtigt. Ein weiterer bedeutender Ansatz ist der strukturalistische, welcher zwar Elemente des systemtheoretischen enthält, aber einen geringeren Anspruch zur ganzheitlichen Betrachtung erhebt. Strukturalistische Konzeptionen richten ihren Blick in erster Linie auf die formalen Strukturen einer Organisation und sind methodisch primär empirisch ausgerichtet. Ausgangspunkt fand dieser Ansatz in der Bürokratietheorie MAX WEBERS (2005). Ein dritter Ansatz ist der ethnomethodologisch-phänomenologische, welcher die objektive und unhinterfragte Übernahme von Alltagskonzepten untersuchter Organisationsmitglieder der strukturalistischen Organisationstheorie kritisiert und methodisch zur hermeneutisch-verstehenden Soziologie zählt.

Aufgrund ihres Anspruches auf Ganzheitlichkeit und ihres Einbezugs der organisationsbezogenen Umwelt sollen systemtheoretische Aspekte in der folgenden Betrachtung von Mitgliedschaftsbedingungen und -funktionen einen größeren Stellenwert einnehmen. Hierbei kann und soll nicht das Ziel sein, den Erklärungsgehalt der Systemtheorie für Polizeiorganisationen zu prüfen. Vielmehr soll eine ganzheitliche theoretische Betrachtungsperspektive angeboten werden, die „nicht nach den individuellen Erscheinungen, sondern nach den sich bedingenden und ermöglichenden sozialen Wechselbeziehungen fragt“ (KNEER/NASSEHI 2000, S. 29). Dabei ist die Systemtheorie „nur eine Beobachtung unter vielen, die eine Realität erzeugt, die man auch ganz anders sehen kann“ (EBD., S. 147). Im Anschluss daran, finden Betrachtungen zu den Funktionen struktureller, formal-bürokratischer Aspekte zur Reduzierung von Vielfalt und Individualität angelehnt an strukturalistische Ansätze vor dem Hintergrund WEBERS (2005) Idealtypus bürokratischer Herrschaft statt.

4.2 *Entscheidungen über Mitgliedschaft aus systemtheoretischer Sicht*

Systemtheoretisch kann die Organisation der Polizei als Organisationssystem Betrachtung finden. Als Begründer der modernen Systemtheorie gilt LUHMANN, der unter einem sozialen System den Zusammenhang von sich aufeinander beziehenden sozialen Handlungen versteht, die sich von ihrer Umwelt abgrenzen (KNEER/NASSEHI 2000). Als Organisationsumwelt sind alle diejenigen Phänomene zu bezeichnen, welche außerhalb des Handlungsfeldes der Organisation liegen. Dabei ist zu beachten, dass sich Organisationsgrenze und Organisationsumwelt komplementär zueinander verhalten. Je weiter die Grenze, desto mehr gehört zum Innen und umgekehrt. Extern und Intern konstituieren sich dabei durch Sinngrenzen, also die kollektiv vollzogene Einschätzung darüber, ob eine Handlung zur Organisation gehört oder nicht. Dabei existiert im Außen von Systemen nicht die Umwelt an sich, sondern nur ein Ausschnitt dieser, da das System nur den Umweltkontakt herstellt, den es sich selbst ermöglicht. Die jeweilige strukturelle Unterscheidung von Innen und Außen ist dabei konstitutiv für das Verständnis von Systemen, aber auch für ihre jeweilige Umwelt.
Soziale Systeme übernehmen die Funktion, die Komplexität der Welt verarbeitbar zu machen, indem sie diese reduzieren. Dabei geht es um die Vermittlung zwischen der Kontingenz von Handlungsmöglichkeiten und der Produktion von begrenzten und denkbaren Handlungsmöglichkeiten. Komplexitätsreduktion geschieht in erster Linie durch Ausschluss von umweltbezogenen Möglichkeiten, dementsprechend definiert LUHMANN Systeme auch als „Inseln geringerer Komplexität“ (LUHMANN 1984, zitiert nach SCHULDT 2003, S. 21). Durch Selektion von Umwelt und Reduktion der selektierten Umwelt erschaffen Organisationssysteme organisationsspezifische Erwartungsstrukturen: Ein Schutzpolizist z.B. wird höchst wahrscheinlich nicht damit rechnen, beim nächsten Einsatz einem mutmaßlichen Verdächtigen Versicherungen verkaufen zu müssen. In diesem Kontext existieren verschiedene Mechanismen Komplexität zu reduzieren und Erwartungsstrukturen zu produzieren. Organisationssysteme bedienen sich hierzu zuallererst der Mitgliedschaft, die einen zentralen Mechanismus zum Systemerhalt beschreibt. „Dass Mitgliedschaftsverhältnisse durch Entscheidung begründet und aufgelöst werden können, ist konstitutiv für Organisationsbildung schlechthin“ (LUHMANN 2005a, S. 422).
In Kapitel 3 ist bereits deutlich geworden, dass Mitgliedschaftsbedingungen (in diesem Kontext der Beginn der Mitgliedschaft, also die Einstellung) in erster Linie über die Eigenrationalität der Organisation produziert werden. Im Kontext der Systemtheorie könnte man hierzu auch den Begriff Selbstbezüglichkeit verwenden und damit auf das grundlegendste Prinzip eines sozialen Systems verweisen: Die Autopoiesis. Autopoietische Systeme „erzeugen und erhalten sich selbst, indem sie die Komponenten, aus denen sie bestehen, selbst produzieren und herstellen“

(SCHULDT 2003, S. 24). Selbstbezüglichkeit ergibt sich durch Geschlossenheit des Organisationssystems gegenüber seiner Umwelt, durch die sie sich ausschließlich auf sich selbst bezieht. Geschlossenheit und Selbstbezüglichkeit bedingen aber auch eine ausgewählte Offenheit, da (Organisations-) Systeme selbst den Austausch mit der Umwelt regeln und nur das aufnehmen, was zur organisationsspezifischen Konstitution und Erhaltung benötigt wird. Nicht die Umwelt an sich ist das konstituierende Kriterium, sondern die Wahrnehmung der Umwelt durch die Organisation. Organisationsinterne Prozesse und Strukturen funktionieren dabei als Selektionsverstärkung. Strukturen erfüllen in diesem Zusammenhang die Funktion der Exklusion, indem beliebige durch bestimmte Elemente substituiert werden, um die Autopoiesis eines Systems zu ermöglichen und fortzusetzen. Die Erwartungsstrukturen, die dabei gebildet werden, schränken Anschlussmöglichkeiten ein. Prozesse wählen dagegen bestimmte Anschlussmöglichkeiten aus, sie bilden sich auf diese Weise über Inklusion (KNEER/NASSEHI 2000, SCHULDT 2003). Die Autopoiesis sozialer Systeme produziert demnach Prozesse und Strukturen, „die selbstorganisatorisch gesteuert werden" (SCHULDT 2003, S. 27). Selbstorganisation meint in diesem Kontext, dass Systeme, im vorliegenden Fall also Organisationssysteme, aufgrund ihrer Selbstbezogenheit Eigenrationalität entwickeln und dementsprechend auf ihre Umwelt reagieren (EBD. 2003).[108] Im sich selbst produzierenden und verarbeitenden System führt selektierte Umweltverarbeitung schließlich zur Stabilisierung und Fortführung von Eigenrationalität und Selbstorganisation (s. Abbildung 1).
Beispielhaft und stark vereinfacht könnte es sich bei den „Komponenten" im Organisations-Umwelt-Austausch auch um Mitglieder handeln. Nur Personen, welche das Einstellungsverfahren durchlaufen haben und in den Polizeidienst eingestellt wurden, sind mehr oder weniger Bestandteil des Organisationssystems, alle anderen gehören zur Umwelt.[109] Nach LUHMANN gehören allerdings auch Mitglieder als Personen zur Umwelt, da soziale Kollektive nur aus Handlungen bestehen und Mitglieder nur mit einzelnen Handlungen Teil der Organisation sind (EBD. 1971a). Dementsprechend könnte formuliert werden, dass Mitgliedschaft einen ständigen Austausch mit der Umwelt beschreibt, innerhalb dessen bestimmte Handlungen inkludiert sind und andere exkludiert bleiben. Dabei können bereits inkludierte Handlungen auch wieder an die Umwelt abgegeben werden (z.B. im Falle einer Entlassung). Entsprechend der autopoietischen Funktionsweise vergeben Organisationen jedoch nur an Personen Mitgliedschaften, welche mittels ihrer inkludierten Handlungen zu ihrer Selbstproduktion und Selbsterhaltung beitragen. Dabei handeln Organisationen autonom, indem die Aufnahme „allein von den Systemoperationen eigengesetzlich bestimmt wird" (KNEER/NASSEHI 2000, S. 51).

---

[108] So reagiert das Organisationssystem „Polizei" auf eine Entführungsaktion sicherlich anders als das Organisationssystem „Springer Verlag".

[109] Zu berücksichtigen ist hierbei, dass Menschen im Rahmen der Systemtheorie nicht als einheitliche Systeme betrachtet, sondern vielmehr in verschiedene Systeme differenziert werden: dem psychischen, dem organischen und dem Kommunikationssystem.

Abbildung 1: Ausgewählte Offenheit geschlossener Systeme

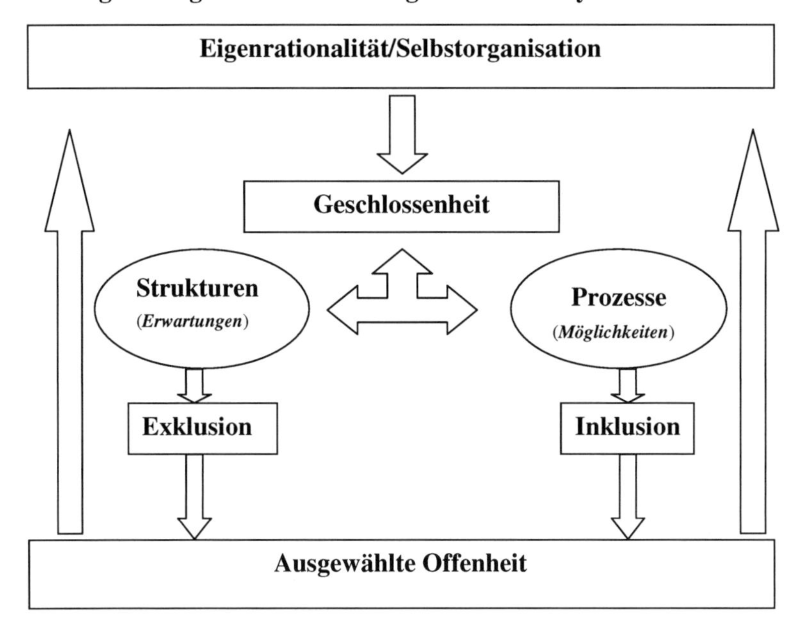

(Quelle: Eigener Entwurf)

Eigenrationalität bestimmt, welche Mitglieder zur Selbstherstellung und Selbsterhaltung benötigt werden. Davon abzugrenzen ist die Selbstorganisation einzelner Mitglieder, welche eine hohe Flexibilität organisationsinternen Handelns zum Ergebnis hätte. Dies steht jedoch dem bürokratischen Charakter polizeilicher Organisationen entgegen, der durch strenge, unflexible Reglementierungen die Handlungsspielräume der Beteiligten stark einschränkt (vgl. Kapitel 4.1.2).
Umsetzung finden Exklusion und Inklusion innerhalb von Organisationsstrukturen und Prozessen über binäre Codes, die Kommunikationsmöglichkeiten in autopoietischen Systemen beschränken und kanalisieren. Unterscheidungen in positiv/negativ regeln Zugangsmöglichkeiten für das System und sorgen damit für seine Schließung. Dagegen funktionieren Programme des Systems, in diesem Kontext z.B. die Rekrutierung von Migranten als politisches Programm, als Möglichkeit der Öffnung, indem sie neue Aspekte der Umwelt einbauen können. Codes finden eine strikte Verwendung, Programme eröffnen allerdings neue Möglichkeiten ihrer Zuordnung. Luhmann führt für die strenge Einhaltung von Codes ein Beispiel seiner Feldforschungen an: „Bei einem Versuch, mit einer Ladeninhaberin längere Verhandlungen über den Preis einer Tafel Schokolade zu führen, habe ich die Erfahrungen gemacht, dass sie anstelle von Argumenten immer wieder auf das Preisschildchen verwies, auf dem der Preis deutlich sichtbar

geschrieben stand“ (SCHULDT 2003, S. 40, zitiert nach LUHMANN 1984). Auf die Polizei übertragen könnte dies sehr vereinfacht formuliert bedeuten, dass im Einstellungsverfahren Unterscheidungen in gleich/ungleich (Gleichheitsgrundsatz) und am besten geeignet/nicht am besten geeignet (Bestenauslese) als binäre Codes über Ein- und Ausschluss entscheiden. Hierbei ließe sich die Frage anschließen, warum eine Veränderung der polizeilichen Einstellungspolitik nicht zu einer neuen Zuordnung von Codewerten[110] geführt hat. Strukturelle Kopplungen von Subsystemen mögen hierauf eine Antwort geben: Schulische Bildung und Arbeitsmarkt sind z.B. über formale Abschlüsse und Zeugnisse gekoppelt, welche die sequentiell geordnete Exklusion mitbestimmen (vgl. Kapitel 3.3). Die Organisation der Polizei ist als staatliche Organisation daneben mehr als andere Organisationen an die Staatsgewalten gebunden, welche die Art und Umsetzung der organisationsbezogenen Programmatiken mitbestimmen und damit auch Einfluss auf die inhaltliche Ordnung binärer Codes während eines Einstellungsverfahrens nehmen.[111]

Hinzu kommt ein strukturabhängiger Aspekt, denn autopoietische Systeme könnten vereinfacht auch als struktur- und zustandsdeterminiert charakterisiert werden. Organisationen sind zwar grundsätzlich ähnlich organisiert, sie besitzen jedoch alle unterschiedliche Strukturen. Polizei ist eindeutig bürokratischer organisiert als z.B. Betriebe, die nach Mechanismen der freien Marktwirtschaft agieren. Demnach besitzen Regelgebundenheit und hierarchischer Aufbau eine größere Relevanz für die selbstreferenzielle Produktion der Organisation. Zu vermuten ist, dass formal-bürokratische Strukturen gerade aufgrund ihrer Betonung auf stringente Berücksichtigung und strikte Einhaltung von organisationsbezogenen Vorgaben und Prozessen zu einer Überakzentuierung von Eigenrationalität auf der Ebene der Organisation führen und die sich daraus ergebende kulturelle Dominanz eine unflexiblere Zuordnung von Codewerten in Entscheidungsprozessen bedingt.

4.3 Organisationsstrukturen – Produktion von Konformität und berufsbezogenen Habitusformen

Organisationsstrukturen dienen der Koordination des Verhaltens der Organisationskollektive. Sie erzeugen Regelmäßigkeiten, die meist konsensuell vorausgesetzt werden und Sinn für organisationsbezogene Handlungen konstruieren. Es lassen sich formale und informelle Organisationsstrukturen unterscheiden, wobei

---

110 Auch bei einer veränderten Programmatik bleiben die systemeigenen Codes gleich, unter am besten geeignet/nicht am besten geeignet wäre lediglich etwas anderes zu verstehen.

111 Vgl. hierzu die gesetzlich bestimmte Bezugnahme auf den Gleichheitsgrundsatz und das Prinzip der Bestenauslese (Exekutive) sowie den Einfluss der jeweiligen programmatischen Ausrichtung der Legislative (Kapitel 3).

die Grenzen zwischen beiden Strukturtypen fließend sind. Der formale Aufbau von Organisationen ergibt sich durch die Festsetzung konstitutiver Regeln seitens dafür legitimierter Stellen. Sie können im Wesentlichen zwei Funktionen betreffen: Zum einen die Arbeitsteilung, welche sich aus der Definition und Festlegung von Aufgaben ergibt und zum anderen die Koordination von Leistungen im Hinblick auf Organisationsziele. Letzteres geschieht mittels Festlegung von Regeln, die über Kompetenzverteilung und Weisungsbefugnis einzelner Positionen und Stellen innerhalb der Organisation bestimmen. Ein bedeutender struktureller Aspekt in diesem Zusammenhang ist die hierarchische Ordnung. Verfahrensrichtlinien dienen als weiteres grundlegendes Instrument zur Koordination. Sie sichern routinierte, gleichwertige Arbeitsabläufe und reduzieren den Kommunikationsaufwand zwischen den hierarchischen Ebenen. Formale Strukturen entstehen in Organisationen entwicklungsprozessual in einer Abfolge von Arbeitshandlungen und können sich somit fortlaufend verändern. „Einzelne Verfahrensrichtlinien werden eingeführt oder revidiert, Stellen hinzugefügt oder aufgelöst, Kompetenzen erweitert oder eingeschränkt [...] usw.“ (KIESER/KUBICEK 1992).
Informelle Strukturen entstehen infolge eines inkongruenten Verständnisses formaler Regelungen durch die Mitglieder. Sie konstituieren sich in Interaktionen, innerhalb derer Organisationsteilnehmer mit der Zeit aufgabenbezogene Routineprogramme entwickeln und manifestieren, die sich in der Arbeitspraxis als zweckmäßig bewährt haben. Hierüber besteht meist stillschweigender Konsens, da organisationsbezogene Handlungsmuster i.d.R. traditionell angelegt sind und bereits in der Ausbildung in gruppenbezogenen Interaktionsprozessen weitervermittelt werden. Informelle Routinehandlungen können dabei im Rahmen formeller Regelungen ablaufen, aber auch von diesen abweichen.
Sowohl formale als auch informelle Strukturen unterliegen einer gewissen „Zweckrationalität“, also der Wahl der Mittel zum Zweck (im Allgemeinen: Handlungen zur Erreichung eines Organisationszieles). Der Begriff Zweckrationalität ist ein zentraler Aspekt in WEBERS Bürokratietheorie, welcher von einer hohen Formalisierung von Organisationen ausgeht, aus deren Konsequenz die Bewertung von Mitteln als richtig oder vernünftig erfolgt. Rationalität meint in diesem Zusammenhang also die Einhaltung und Verteidigung normativer Erwartungen. Da Polizeiorganisationen einen hohen bürokratischen Formalisierungsgrad aufweisen, sollen im Folgenden mögliche Auswirkungen formaler Strukturen auf Eigenrationalität und Reduzierung von Vielfalt nachgezeichnet werden. Daran anschließend steht der Begriff der Organisationskultur zur Beschreibung informeller Strukturen sowie der Produktion konformen und homogenen Verhaltens in Organisationen im Vordergrund.

4.3.1 Bürokratische Organisationen – Überakzentuierung von Eigenrationalität?

Die Organisation der Polizei ist durch einen hohen Formalisierungsgrad gekennzeichnet, welcher in einigen Tendenzen dem WEBERSCHEN Idealtypus der bürokratischen Herrschaft[112] entspricht. Dieser ist in erster Linie durch Sachlichkeit und Unpersönlichkeit gekennzeichnet. „In die interne Struktur [der Organisation] geht dieses Prinzip der Sachlichkeit in erster Linie durch Regelgebundenheit als sachlich geregelte Amtspflichten, Befehlsgewalten, Qualifikationen und Prozeduren der Amtsstellung ein" (WEBER 2005). Mitgliedschaft funktioniert hierbei als zentraler Mechanismus, der Umsetzung von Regelgebundenheit ermöglicht, denn: Die Mitgliedschaft innerhalb der Organisation ist an bestimmte Maßgaben gebunden, während Ein- und Austritt formell geregelt sind (KNEER/NASSEHI 2000). „Die Möglichkeit des Rekrutierens und Entlassens eröffnet die Chance, die Mitgliedschaft an Bedingungen zu knüpfen, sie etwa von der Einhaltung bestimmter Regeln abhängig zu machen" (GABRIEL 1979) und „die Kontingenz der Rollenübernahme im System stellt alles weitere Verhalten unter die dominierende Alternative des Verbleibens oder Nichtverbleibens" (LUHMANN 2005a, S. 422). Unpersönlichkeit ergibt sich durch die Verpflichtung der Mitglieder, Leistungen umzusetzen, die zur Zielerreichung der Organisation beitragen, auch wenn ihre persönlichen Ziele andere sind. Dabei ist die Beziehung zwischen Individuum und Organisation ein juristisches Verhältnis, „die durch beiderseitige Anerkennung zustande kommt" (KIESER/KUBICEK 1992, S. 13). Dieses bezieht sich jedoch nicht auf die Person als Ganzes, sondern auf ihre Leistungen und Handlungen, die ihre bestimmte Rolle charakterisieren.

WEBER bezeichnete Organisationen als Mittel zur Ausübung von Herrschaft in Gesellschaften (EBD. 2005), deren Umsetzung hauptsächlich durch den hierarchischen Aufbau sowie eine Zweck-Mittel-Orientierung realisiert ist. Konsequenz dieser beiden Strukturaspekte ist die Behauptung von Arbeitsteilung, der Übernahme von Amtspflichten sowie organisationsbezogenen Handlungsmustern „nach generellen, mehr oder minder festen und mehr oder minder erschöpfenden, erlernbaren Regeln" (EBD. 2005, S. 703 ff.). Herrschaft bezieht sich im internen Kontext von Organisationen also auf die Steuerung und Kontrolle der Mitglieder. Dabei stellen bürokratische Organisationen Berechenbarkeit im Wesentlichen durch den „Gehorsam" ihrer Mitglieder her. Einen konstitutiven Aspekt stellt in diesem Zusammenhang der der Bürokratie inhärente Formalismus dar, der als Forderung an alle willkürliches Handeln verhindern soll (BOSETZKY/HEINRICH 1994). Durch Gesetze und Vorschriften gesteuerte

[112] Idealtypus meint in diesem Zusammenhang, dass eine bürokratische Organisation nach diesen Maßgaben nicht klar zu umreißen ist. Vielmehr handelt es sich um einen „objektiven Richtigkeitstypus", der nach der Beschaffenheit zweckrationalen Handelns bei richtiger Wahl der Mittel zur Erreichung eines gegebenen Zieles konstituiert ist (MAYNTZ 1971).

Entscheidungen stabilisieren dabei Strukturen und Funktionen der Organisation. Die Verwendbarkeit des Bürokratiemodells zeigt sich mittels Nachvollziehbarkeit des Verwaltungshandelns, welche im Beschreibungskontext von Polizei besondere Bedeutung erlangt, da „erst die Verfahrensförmigkeit [...] zur Rechtmäßigkeit [führt] und damit notwendiger Bestandteil des Vollzugs staatlicher Herrschaft [ist]" (BEHR 2000, S. 60).
Die Ausübung des Vollzugsdienstes ist durch den Kontakt mit dem Publikum sowie mit Tatverdächtigen mit einem verhältnismäßig geringen Maß an Sicherheit verbunden. Gerade deshalb müssen Regelungen bis ins Detail ausdifferenziert sein, um für alle Eventualitäten zu wappnen.[113][114] Zudem sind ähnliche Rechtsfälle vorschriftsmäßig gleich zu behandeln. Daraus entwickeln sich Routinehandlungen, die Unregelmäßigkeiten in Regelmäßigkeiten übersetzen (LUHMANN 1971b). Dies ist mit Webers Begriff der Sachlichkeit gemeint, der davon ausging, dass die Forderung nach Rechtsgleichheit und der Absicherung gegen Willkür erst formale und rationale Strukturen fordert. Jede Handlung würde dann nach rational diskutablen Gründen gerechtfertigt werden können, d.h. entweder durch Normen oder Beurteilung von Mitteln und Zwecken (WEBER 2005). Nach dieser Konzeption garantiert die Bürokratie ein Höchstmaß an beruflicher Sicherheit.
Auf den Begriff der Eigenrationalität übertragen bedeutet dies, dass Sachlichkeit und Zweckrationalität zu einer Überakzentuierung derselben führen, indem unpersönliche Regeln das Handeln der Einzelnen mehr oder weniger losgelöst von Eigeninteressen an die organisationsinterne Wirklichkeit binden. Dahinter verbergen sich organisationsspezifische Wissensbestände, die sich traditionell im Zuge von Mittelerprobung ergeben haben. Polizeibeamte entwickeln sich damit zu „berufsmäßig Wissenden" (EBD. 2005, S. 730), deren Kompetenzen bürokratische Strukturen meist durch Geheimhaltung von Lösungsprozessen, Absichten und Kenntnissen steigern sollen. „Bürokratische Verwaltung ist in ihrer Tendenz nach stets Verwaltung mit Ausschluss der Öffentlichkeit" (EBD. 2005, S. 730, vgl. auch MERTON 1971). Dadurch erfolgt die Verteidigung dieses organisationsspezifischen Wissens dann überall dort, wo es sich um die Sicherung von Machtinteressen nach außen dreht.
Die der Organisation immanenten Eigenrationalität erfährt durch einen weiteren Aspekt bürokratischer Ordnung Stabilisierung, dem „Circulus vitiosus" (CROZIER 1971). Bürokratische Organisationssysteme sind demnach von Kreisläufen gekennzeichnet, die sich aus hierarchischer und unpersönlicher Ordnung ergeben. MERTON (1971) verdeutlicht dies anhand der Verschiebung von Zielen: Die für die effektive Bürokratie notwendige Disziplin, die sich infolge von Forderungen nach

[113] Dies gilt z.B. auch für den Militärdienst oder ähnliche Berufe, in denen die Eigensicherung eine zentrale Rolle spielt.

[114] Dies steht in gewisser Weise im Widerspruch zur Annahme, dass formalisierte Regelungen den Arbeitsalltag erleichtern. MANNING (1977) geht sogar davon aus, dass ein Mehr an formellen Regelungen durch bürokratische Organisation zu mehr Unsicherheit über deren Anwendung führt und eine größere informelle Vertrauensbasis im Kollegenkreis notwendig macht.

Verlässlichkeit und Konformität ergibt, ist am erfolgreichsten, wenn Ideale der Organisation mit Gefühlen der persönlichen Hingabe einhergehen. Dies führt zu einer Verlagerung der persönlichen Relevanz von organisatorischen Zielen auf normativ erwartete Verhaltensmuster. Das Mittel avanciert damit zum Zweck. Die Besonderung der Regeltreue führt zu Starrheit und der Schwierigkeit, sich an neue Entwicklungen anzupassen. Organisationsbezogene Mittel, die zu einer persönlichen Überbetonung von Disziplin und Konformität führen, sind auf der formalen Ebene in erster Linie in den Reglementierungen von Beförderungen, die ebenfalls nach Leistung, Eignung und Befähigung ablaufen, sowie der spezifischen Ausbildung und Verbeamtung auf Lebenszeit zu sehen, welche Alternativen außerhalb der Organisation im Falle einer Entlassung relativ gering halten.
Zudem führt Verhalten, das von Reglementierungen innerhalb der Organisation abweicht, aber nicht mit Entlassung sanktioniert wird, nicht selten zu unliebsamen Außenseiterpositionen in der Aufgabenverteilung und der Gruppe. MERTON und CROZIER (1971) definieren die Zielverschiebung als Dysfunktion bürokratischer Organisationen, indem sie Schwierigkeiten bei der Zielerfüllung und der Anpassung an die Umwelt hervorruft. Das wiederum führt zur weiteren Ausarbeitung von Regelungen und Zentralisierung von Befehlsgewalten auf den Führungsebenen. Weiterhin reduzieren unpersönliche Regeln Spannungen der hierarchisierten Kontrolle, machen sie gleichzeitig aber auch notwendig, da mittelorientierte Arbeitshandlungen leicht zu objektiven, zweckorientierten schwachen Leistungen führen können. Das Ergebnis ist eine Organisation, die „unfähig ist, [...] eigene Fehler zu korrigieren, [deren] Dysfunktion deshalb Teil eines sich selbstverstärkenden Gleichgewichts [ist]“ (CROZIER 1971, S. 284). Die Manifestierung von Eigenrationalität, die diesem Prozess immanent ist, verdeutlicht sich dabei erst in Reaktionen auf Veränderungen. Grundsätzlich werden Veränderungen nur in besonderen Krisen eingeführt, nämlich immer nur dann, wenn Dysfunktionalität so groß ist, dass Grundfunktionen der Organisation gefährdet sind. In weiterführenden Studien wäre demnach zu prüfen, inwieweit die Kontinuität der Organisation gefährdet wäre, wenn es keine Migranten in der Polizei gäbe oder anders herum: Wie Migranten tatsächlich zur Funktionsverbesserung der Organisation beitragen. Möglicherweise könnten entsprechende Ergebnisse darüber aufklären, ob der Wille zur Rekrutierung von Migranten auf einer tatsächlichen Notwendigkeit zum Funktionserhalt der Organisation basiert, um den es nach bisherigen Ausführungen ja in erster Linie geht, oder ob er eher in der Bedeutung eines symbolischen Aktes Entsprechung findet. Dies würde implizieren, dass kulturelle Heterogenität tendenziell geringer bleiben soll, um Grundfunktionen der Organisation nicht zu gefährden.
Die oben beschriebene Zielverschiebung in Organisationen deutet bereits auf eine grundlegende Kritik an Webers Bürokratiemodell hin, die sich auf seine bloße Berücksichtigung von zweckorientiertem Handeln bezieht, bei der affektuell oder traditionell bestimmte Handlungen vernachlässigt werden. Die Rationalität einer Organisation kann aber nicht allein dadurch gesichert werden, dass alle Mitglieder rational handeln, denn eine formale Zweck-Mittel-Orientierung schließt

Diskrepanzen in der Handlungsorientierung nicht aus. Das Zweckmodell setzt im Grunde voraus, dass Berufsidentität identisch mit persönlicher Identität ist, und sich somit Organisationsmitglieder als volle Persönlichkeiten mit den Handlungsgrundlagen ihrer Organisation identifizieren. Dies steht im Widerspruch zu neueren systemtheoretischen Ansätzen der Organisationssoziologie, die nur von einer Teilintegration von Personen in soziale Systeme ausgehen. Organisationskultur ist ein Begriff, der in diesem Zusammenhang einen weiteren Aspekt zur Erklärung kultureller Dominanz und geringer Innovationsbereitschaft liefern kann.

4.3.2 Von der Zweckrationalität zu Sinnstrukturen – Organisationskultur als Erklärung von Dominanzkultur

Ausgehend von der o.g. Kritik zum Bürokratiemodell hat die organisationssoziologische Diskussion um den Begriff Organisationskultur die Verbindung zwischen Organisation und Zweckrationalität aufgelockert. Rationalisierung bedeutet aus dieser Betrachtungsperspektive vielmehr, dass Organisationskultur eine sinnvolle Erklärung dafür bietet, wann in welchen Situationen wie gehandelt wird. Organisationskulturen sind demnach als strukturierte Bedeutungselemente, in denen Ereignisse produziert, verstanden und interpretiert werden, und die sie verkörpernden sozialen Handlungen zu verstehen. „Organisationen sind eine eigenrationale Verknüpfung von Handlungen mittels Bedeutungsstrukturen" (KLATETZKI 1993, S. 28). In diesem Kontext schlägt LUHMANN vor, Kultur als Sinnfestlegung zu definieren und ersetzt damit den Begriff der Zweckrationalität mit dem der Systemrationalität. Dies führt erneut zur Betrachtung von selbstreferenziellen Systemen. Ausgehend von der Annahme, dass es eine Diskrepanz zwischen Rationalitätskriterien und der tatsächlichen Steuerung von Handlungen gibt, liegt der Bezugspunkt für organisiertes Handeln damit im eigenen Bedeutungssystem (KLATETZKI 1993 nach LUHMANN 1984). Auf diese Weise ermöglicht diese Perspektive die Betrachtung der Bedeutung von Formalstrukturen aus der Position der Akteure, in der Organisationsziele und Zweckrationalität nicht an sich existieren, sondern durch die in ihrem Rahmen agierenden Gruppen und Individuen nur partielle Bedeutung erlangen.
Kulturen beschreiben ein in der Gruppe gemeinsam geteiltes Bedeutungssystem, das Rituale, das Arbeitsklima, Werte und Verhaltensweisen integriert. Die Entwicklung organisationsinterner Kulturen stützt sich auf gemeinsame Erfahrungen, in denen sich Handlungsmuster bewährt haben. Als selbstverständlich zugrunde liegende Annahmen im alltäglichen Handeln schaffen sie in der Konsequenz ein System gemeinsamer Grundprämissen. Diese bilden sich nach selbstverständlicher Akzeptanz als charakteristische Eigenschaften einer Gruppe heraus und können vor allem deshalb kulturell dominant wirken, da sie als gute und richtige Prämissen gelten, die aufgrund ihrer emotionalen Relevanz nicht mehr geprüft, sondern nur noch verteidigt werden und somit in den Bereich des Nichtverhandelbaren fallen (SCHEIN 1995). CROZIER/FRIEDBERG (1993) betrachten den Prozess der

Konsensbildung in diesem Kontext etwas kritischer, indem sie davon ausgehen, dass einige Grundprämissen einer Gruppe für den Einzelnen bezüglich der Verwirklichung persönlicher Ziele und dem dafür notwendigen Fortbestand der Organisation zwingend sind. Zur Durchsetzung von Interessen müssen deshalb Aspekte einer Gruppenkultur als auferlegter Zwang akzeptiert sein.
Organisationskultur besitzt die zentrale Funktion, interne Gruppenprozesse zu integrieren, um die Stabilität und den Fortbestand der Organisation zu sichern. Dies geschieht u.a. mittels Festlegung von Gruppengrenzen durch Konsensfindung in Bezug auf die Mitgliedschaft. Konsensuell geteilte Kriterien sollen über Zugehörigkeit und Nichtzugehörigkeit entscheiden. Kultur behauptet sich innerhalb dieses Prozesses insofern, als dass zwar formelle Maßstäbe für eine Aufnahme in die Gruppe von der Führung (im Falle der Polizei vom Minister oder dem Gesetzgeber) gesetzt, „doch im Zuge der Interaktion von Gruppenmitgliedern diese Kriterien überprüft [werden]" (SCHEIN, S. 78). Ergebnis ist ein Gruppenkonsens über die Kriterien, die sich im Sinne organisationsinterner Wirklichkeit bewährt haben. Als konstitutive Mechanismen sei in Anlehnung an FOUCAULT (1977) an dieser Stelle erneut auf die Praxis der „Normalisierung" durch organisationsinterne Diskurse verwiesen, welche die Wirklichkeit der Organisation erst konstruieren (vgl. Kapitel 3.1.1). Im Ergebnis entstehen jenseits der Eigenrationalität nicht objektivierbare Kriterien. Mitglieder werden dann entsprechend der Devise: „Wir wollen jemanden, der zu uns passt" (SCHEIN 1995, S.78) ausgewählt. In diesem Zusammenhang gelten bewertende Maßstäbe in erster Linie als Prognoseinstrument, um über die Anpassungsfähigkeit potenzieller Mitglieder an die bestehende Kultur zu urteilen. Dem liegen Annahmen darüber zugrunde, welche kulturellen Prämissen Aspiranten von sich aus in die Gruppe einbringen, d.h. es existiert eine differenzierte Wahrnehmung darüber, was Mitglieder aus verschiedenen ethnischen und sozialen Kontexten an Grundannahmen zur sozialen Ordnung vertreten. Als Beispiel sind hierzu Ebenen zu nennen, auf die sich Grundprämissen beziehen können: Die Wahrnehmung gesellschaftlich individueller Tatsachen, die Bedeutung von Zeit und Raum sowie Grundverständnisse bezüglich menschlicher Handlungen und Interaktionen. Dies kann aus der Perspektive von Organisationskultur als weitere Erklärung für die Anwerbung besonders akkulturalisierter Migranten gedeutet werden, da ihnen vermutlich eher die Verinnerlichung gewisser Grundannahmen der Aufnahmegesellschaft bescheinigt wird.
Mit Organisationskulturen und durch den durch sie vermittelten Grundprämissen ist die Ausprägung berufsspezifischer Habitusformen verbunden, die nach Auffassung BOURDIEU'S (1996) u.a. zur Reproduktion von Machtverhältnissen dienen. Einfluss hierauf hat als erstes berufliche Sozialisation, durch die sich Berufskultur weiterträgt und aufrechterhalten wird. Neu gewonnene Mitglieder bleiben beispielsweise zunächst in einer bestimmten Außenseiterposition, sie lernen erst im Zuge beruflicher Sozialisation, was in ihrer Organisation wichtig ist (NEUBAUER 2003). Organisationskulturen stabilisieren und reproduzieren sich u.a. in diesem Kontakt mit Organisationsneulingen, an welche bestehende Grundprämissen weitergegeben werden. In diesem Zusammenhang funktioniert Kultur auch als Mechanismus

sozialer Kontrolle und dient als Orientierungsrahmen für Wahrnehmungs- und Handlungsmuster für unerfahrene Mitglieder, indem gemeinsame Annahmen über von erfahrenen Kollegen ausgehende Belohnungen und Bestrafungen erlernt werden. Damit erscheint Kultur nicht nur als zweckmäßig sinn- und stabilitätsstiftende Einrichtung, sondern als Extrakt des Lernprozesses im Rahmen „effektiver und erfolgreicher Entscheidungen in der Vergangenheit der Gruppe" (SCHEIN 1995, S. 74), der sich als Lehrprozess fortsetzt. Kultur produzierende normative Orientierungen werden grundsätzlich während der beruflichen Sozialisation mittels Interaktion in Gruppen internalisiert (z.B. in den jeweiligen Abschlussjahrgängen). Aufschluss über tiefer liegende Annahmen geben jedoch insbesondere erfahrene Mitglieder sowie das Gruppenverhalten während kritischer Situationen. Die strukturelle Organisation von Gruppen hat in diesem Kontext Auswirkungen auf ihre Stabilität, deren Ausdruck ihre Kultur beschreibt. Als Beispiel ist hierzu die Form der Ausbildung als ein Aspekt beruflicher Sozialisation heranzuziehen. Eine besonders intensive Internalisierung von organisationsspezifischen Grundprämissen ergibt sich im Zuge kasernierter, einheitlicher Ausbildung. In diesem Kontext ist die besondere Organisation der Ausbildung für den polizeilichen Dienst zu nennen.[115] DIEDERICHS/NARR (1993) bezeichnen polizeiliche Ausbildungsinstitutionen als „Ausbildungsghettos" und sprechen damit insbesondere die Kasernierung während der Ausbildung[116], die in erster Linie rechts- und polizeitechnikbezogenen Ausbildungsinhalte sowie die polizeiliche Herkunft der Ausbilder an. Sie identifizieren in diesem Kontext eine habitualisierte Distanz zur gesellschaftlichen Wirklichkeit, welche primär infolge der Ausrichtung der Ausbildung auf die in-group, der hohen Identität zwischen Ausbildungs- und Berufsinstitution und der Zugehörigkeit der Ausbilder und Prüfer zur in-group entsteht. „Polizeiliche Ausbildung findet damit [...] weitestgehend intern statt: ...sie wird ausschließlich in Polizeieinrichtungen durchgeführt ...Lehrende sind nahezu ausschließlich Polizisten...sie findet räumlich abgegrenzt statt... die Erfolgkontrolle wird durch Polizisten wahrgenommen...Lernende sind von Anfang an Polizeibeamte und -beamtinnen" (KOKOSKA/MURCK 1996, S. 1316). Bereits in der Ausbildung entwickelt sich so ein starkes Gemeinschafts- und Identifikationsgefühl mit der Organisation sowie den entsprechenden Lerngruppen und eine intensive Internalisierung polizeikultureller Aspekte. Dementsprechend ergab eine im Land Sachsen durchgeführte Veränderungsmessung von Werteinstellungen von Polizeianwärtern während der Polizeiausbildung, dass der polizeiliche Ausbildungsprozess starken Einfluss auf berufsrelevante Werteinstellungen haben

[115] Die Organisation von polizeilicher Ausbildung entspricht dem föderalistischen Prinzip und liegt somit in der Verantwortung der Länder. Dementsprechend gibt es kein einheitliches Ausbildungssystem der Polizei. Die hier angesprochenen Aspekte sind jedoch tendenziell für alle Länder zu konstatieren.

[116] Diese Form der Unterbringung existiert heute nicht mehr.

kann.[117] FRANKE (2004) bezeichnet den polizeilichen Bildungsprozess in diesem Zusammenhang als „planmäßige Formung" der Anwärter für den Polizeivollzugsdienst zu loyalen, gesetzestreuen und disziplinierten Polizisten, die sich durch eine Polizeikultur mit einem intern vertraulichen Klima auszeichnet (EBD., S. 18).

Will man die Kultur der Polizei verstehen, muss man ihre Möglichkeit Gewalt auszuüben ins Zentrum der Betrachtungen stellen. Polizei gehört zum „Ensemble staatlicher Gewaltinstanzen" (LAUTMANN 1971, S. 11) und ist Exekutive staatlicher Gewalt und Kontrolle. Ihr inhärent ist die besondere Verpflichtung zur Gesetzestreue und der Anwendung von staatssichernden Rechtsnormen. Sie steht permanent im „Kampf" gegen äußere Bedrohungen von Rechts- und Normverletzern, welche die gesellschaftliche Ordnung gefährden. Ihre selektiv wahrgenommene soziale Umwelt zeichnet sich tendenziell durch gesellschaftlich fortschreitende Segregation, Segmentation und anomische Zustände aus. Das innerpolizeiliche Klima ist dagegen aufgrund des besonderen Verteidigungsdruckes angesichts äußerer Bedrohungen durch Homogenität, Stabilität sowie eine hohe Gruppenkohäsion gekennzeichnet. Diese Innen-Außen-Perspektive ist konstitutiv für Polizeikultur. Dabei ist sie allerdings nicht als homogenes Ganzes zu verstehen, sondern vielmehr als eine Vielzahl von Subkulturen, die von den jeweiligen Subsystemstrukturen und den differenten aufgabenbezogenen praktizierten Werthaltungen, Normen und Leitbildern abhängig sind (AHLF 1997). BEHR (2000, 2006) unterscheidet vor dem Hintergrund realer Differenzen zwischen beruflichen und sozialen Rollenträgern im innerpolizeilichen Kontext (z.B. zwischen *street cops* und *management cops*) Polizeikultur und Polizistenkultur. Polizeikultur kann demnach primär als Außenperspektive betrachtet werden, welche in erster Linie durch „harte" Faktoren der Organisationsstruktur beeinflusst wird. Ein Beispiel hierfür gibt die Bedeutung offiziell formulierter Leitbilder, die erst seit den 1990er Jahren intensiv diskutiert wird. In Hessen gab die rot-grüne Koalition eine Definition des polizeilichen Leitbildes: „Das Leitbild soll der einzelnen Beamtin und dem einzelnen Beamten als Orientierung dienen und die Identifikation mit der Aufgabe fördern, den Schutz der Rechte von Bürgerinnen und Bürgern als Zentrum des Handelns der Polizei begreifen" (BEHR 2006, S. 36, zitiert nach www.polizei-hessen.de). Es beschreibt damit eine Top-Down-Strategie, die politisch festgelegt ist und durch das Innenministerium Umsetzung findet. Es gibt auf diese Weise genügend Raum für Interpretation bis es in den untersten Hierarchieebenen der Organisation „angekommen" ist. Interpretationsleistungen ergeben sich insbesondere deshalb, da sie zwar die gemeinsame Identität betonen, aber keine Konkretisierung für das Alltagshandeln bieten. Ähnliches gilt auch für die Anwendung von Rechtsnormen, die einen weiteren Satz von Regeln braucht, um Gesetze und Verordnungen im Alltag praktizieren zu können (STEINERT 1991). Auf

---

[117] Die moralische Sozialisation steht hierbei im Zusammenhang mit soziobiographischen Bedingungen der Bewerber, ist also keineswegs durch den polizeilichen Ausbildungsprozess determiniert.

der Ebene der Polizeikultur wären Polizisten mit Migrationshintergrund relativ problemlos zu integrieren, weil sie von ihrer Logik her politisch korrekt, ethisch reflektiert und antidiskriminierend ist. Sie ist aber nicht handlungsleitend für den Vollzug des Polizeialltages (BEHR 2000, 2006). Orientierungen für richtiges und legitimes Alltagshandeln ergeben sich nicht auf der Ebene der formellen Polizeikultur, sondern im Kontext von Polizistenkultur (*Cop Culture*, BEHR 2000). *Cop Culture* ist der Kern polizeilichen Alltagswissens und bietet dementsprechend eine komplexitätsreduzierende Praxisanleitung (BEHR 2006). Im Gegensatz zur Polizeikultur ist sie nach innen gerichtet und sorgt für den Erhalt der Gruppenidentität. In ihr kommt im Wesentlichen die sich infolge der äußeren Bedrohung manifestierende Gruppenkohäsion zum Ausdruck. Homogenität ist dabei ein Resultat der Kultur einer Gemeinschaft, die sich als Verteidiger der gesellschaftlichen Ordnung sieht. In einer solchen „Gefahrengemeinschaft" sind Vertrauen und Verlässlichkeit grundlegende Maxime polizeilichen Handelns. Polizistenkultur bietet einen solchen Schutz, indem sie etwas generiert, was SCHÜTZ (1972) das „Denken-wie-üblich" (EBD., 59) nannte. Dieses beschreibt gesellschaftliche Prämissen, die dazu dienen „die soziale Welt auszulegen und [...] mit Dingen und Menschen umzugehen, damit die besten Resultate in jeder Situation mit einem Minimum von Anstrengung und bei Vermeidung unerwünschter Konsequenzen erlangt werden können" (EBD., S. 58). *Cop Culture* schafft Vertrauen, indem sie ein Kontinuum von Vergangenheit, Gegenwart und Zukunft vermittelt und damit routinemäßige Praktiken ermöglicht (HUNOLD/BEHR 2007, nach GIDDENS 1995). Individuelle Habitusformen treten in den Hintergrund und zumindest im polizeilichen Alltagsgeschäft wirkt der so internalisierte berufliche Habitus hegemonial.[118] Unter den Kollegen sind Affekte damit auf ein Minimum reduziert, so dass sogar private (feindliche) Einstellungen kaum vorkommen (MERTON 1971). Innerhalb der hier nachgezeichneten theoretischen Konstruktion der Polizistenkultur sind generell die „Kopfarbeiter" von den „Handarbeitern" zu unterscheiden, denn das Praktischwerden ist nicht Aufgabe des Managements, sondern der *street cops* (vgl. u.a. MANNING 1977, CHAN 1997, BEHR 2000). Formale Regelungen und Gesetze können zwar auf den Ebenen des Managements relativ uneingeschränkt propagiert werden, bieten dem Polizisten auf der Straße jedoch keine Handlungsorientierung. Polizeiliches Handeln, welches Polizistenkultur prägt, kann dementsprechend von offiziell erwünschtem Handeln abweichen. „His rules [des Polizisten, Anm. der Verf.] mediate between the departmental regulations, legal codes, and the actual events he witnesses on the street" (MANNING 1977, S. 162). Alltägliche Gefahren und Unsicherheiten, Interpretationsspielräume bei Regelungen sowie disziplinarische Sanktionsmöglichkeiten „lead to forms of association that in turn modify the impact and thus display the limits of the power and authority of the administrative segment" (EBD., S. 164). Der Zusammenhalt in der Polizistenkultur

[118] Charakteristika und Funktionen polizeilicher „Gefahrengemeinschaft" und der damit zusammenhängenden Hegemonialität polizeipraktischer Habitusformen finden in Kapitel 5 eine ausführlichere Betrachtung.

ist demnach von besonders intensiver Art, der nicht zuletzt in Stillschweigen über halblegale alltagspraktische Handlungen mündet, solange diese von der Gruppe konsensuell als legitim erachtet wird.
BEHR (2006) bezeichnet insbesondere Polizistenkultur als Dominanzkultur, indem sie von allen gleichermaßen verlangt, sich ihren Gesetze und Regelungen unterzuordnen. „Damit sorgt sie für eine umfassende Assimilation unter Androhung von Marginalisierung oder Ausschluss" (EBD., S. 41). Differenzen werden eingeebnet und es entsteht eine berufsbezogene homogene Gemeinschaft. Bürokratische Strukturen von Polizeiorganisation sowie Polizistenkultur tragen in besonderer Weise zur Reduzierung individueller kultur- und milieuabhängiger Habitusformen bei und stärken gleichzeitig die Berufsrolle und den Gruppenzusammenhalt. Hieran ließe sich die Frage anschließen, inwieweit die Festigung beruflicher Gemeinschaft und Habitusformen auch zu einer Reduktion ethnischer Vielfalt im Polizeialltag führt. Dies erscheint gerade deshalb von besonderem Interesse, da die Polizei mit der Einstellung von Migranten primär einen funktionalistischen Anspruch erhebt und auf den Vorteil kultureller Vielfalt in der Polizeiarbeit verweist. Jedoch hat BLOM (2005) bereits in diesem Zusammenhang festgestellt, dass „die Polizei in Deutschland [...] noch weit weg zu sein [scheint] von einer Situation, worin der Polizist ausländischer Herkunft sich nach seiner Eigenart verhalten kann. Stattdessen scheint der Polizist ausländischer Herkunft zu Anpassung und Unauffälligkeit zu neigen" (BLOM 2005, S. 25). Die Konsequenzen der hier beschriebenen Prozesse für die Anpassung sowie Akzeptanz von Migranten im Kollegenkreis sollen Themen des folgenden Kapitels sein.

5 Inklusion und Stärkung berufbezogener Habitusformen – Bedeutungen im Zusammenhang mit der Akzeptanz von Migranten im Kollegenkreis

Eine empirisch zu prüfende Hypothese bezieht sich auf mögliche Auswirkungen der Assimilationstendenzen der Organisation auf die Interaktionsebene. Die Betrachtung der beschriebenen Exklusionsmechanismen sowie der Strategien zur Reduzierung von individuellen Habitusdarstellungen bekräftigen die Annahme, dass die Polizei eine Gemeinschaft bildet, innerhalb derer Herkunft und Ethnie zunächst wenig Relevanz besitzen, um über Ein- und Ausgrenzung zu entscheiden. Somit dürften herkunftsbezogene Konflikte im Kollegenkreis keine herausragende Bedeutung haben.

Hegemonialität von Berufsrolle und Kollegialität scheint im polizeiberuflichen Kontext besonders ausgeprägt zu sein. Sie steht in Verbindung mit einer hohen beruflichen Identifikation sowie der kohäsiven Teilung gemeinsamer Werte und Traditionen, die zu einer besonderen Ausprägung beruflicher Persönlichkeit führt. SKOLNICK/FYFE (1993) bezeichnen den Polizeiberuf als 24-Stunden-Identität. „The day the new recruit walks through the doors of the police academy, he leaves society behind to enter a profession that does more than give him a job, it defines who he is. For all the years he remains, he will always be a cop" (EBD. 1993, S. 91, zitiert nach AHERN 1972). Im vorangegangenen Kapitel ist bereits ansatzweise deutlich geworden, dass der Polizeiberuf verbunden ist mit einer besonderen Berufskultur, die in erster Linie als Coping-Strategie für Gefahr und Unberechenbarkeit funktioniert (CHAN 1997). Unterschiedliche Aspekte der Gefahrengemeinschaft führen zu besonderen Ausprägungen von Solidarität und beruflichem Habitus. Im Folgenden sollen diese Aspekte näher beleuchtet und auf ihren möglichen Erklärungsgehalt für Entscheidungen über Zugehörigkeit und Nichtzugehörigkeit sowie ihren Einfluss auf Beurteilungen der Ausübung von polizeilichen Berufsrollen überprüft werden. Nach einer theoretischen Betrachtung einiger Mechanismen zur Konstitution und Aufrechterhaltung von Polizistengemeinschaften sollen vor diesem Hintergrund anhand der Ergebnisse der Interviews mit Polizeianwärtern[119] sowie aus drei Gruppendiskussionen[120] Bedingungen für die Inklusion von Polizisten mit

---

[119] Vgl. Kapitel 3.2.

[120] Eine der Diskussionen fand im Rahmen der Praktikerkonferenz in Zusammenarbeit mit einer der am Projekt MORS teilnehmenden Länderpolizei statt. An der Gruppendiskussion haben sechs Personen teilgenommen: der Leiter der Einstellungsstelle (höherer Dienst), ein Mitarbeiter der Einstellungsstelle (mittlerer Dienst), ein Leiter eines Polizeikommissariates (höherer Dienst), ein Kontaktbereichsbeamter (gehobener Dienst), eine Vollzugsbeamtin der Wasserschutzpolizei mit türkischem Migrationshintergrund (gehobener Dienst) und ein Kommissaranwärter mit türkischem Hintergrund. Die anderen beiden Diskussionen haben im Rahmen der Praktikerkonferenz in

Migrationshintergrund im Kollegenkreis sowie Einflüsse auf die Akzeptanz ihrer Berufsrolle diskutiert werden.

5.1 Hegemonialität polizeilicher Berufsrollen und polizeiinterner Kollegialität – Moralisierung und symbolisiertes Vertrauen

„Innerhalb der Polizistenkultur wirkt Kollegialität vermutlich deshalb hegemonial, weil sie geprägt ist durch die besonderen Erfahrungen einer Gefahrengemeinschaft" (HUNOLD/BEHR 2007, S. 31). Da Polizisten bei Einsätzen grundsätzlich unsicheren und uneinschätzbaren Situationen ausgesetzt sind, ist das Handeln innerhalb der Gemeinschaft durch verschiedene Mechanismen geprägt, welche die Antizipation von Risiko, Druck und Gefahr minimieren sollen. Gefahr darf in diesem Kontext grundsätzlich nicht als polizeispezifisch angenommen werden, auch in anderen alltäglichen Berufshandlungen besteht die Möglichkeit der Verletzung der persönlichen Integrität der Berufsausübenden. Die Besonderheit der polizeilichen Gefahrengemeinschaft ist vielmehr darin zu sehen, dass das Risiko in der Unvorhersehbarkeit im Kontext der Begegnungen mit Personen liegt (REINER 2000). Solidarität ist die Antwort auf die unsicheren Arbeitskonditionen und Grundvoraussetzung für die Herstellung und Aufrechterhaltung von Minimierungstaktiken (CHAN 1997). Verbundenheit entsteht in der Gefahrengemeinschaft infolge reziproker Prozesse, welche insbesondere während Einsätzen symbolisch nach außen getragen werden. Im Falle von Unterstützungsforderungen zu einem Einsatz, der nicht überschaubar erscheint, stehen alle Aufgeforderten in einer starken Loyalitätsbeziehung zu den „Hilfsbedürftigen": Alle wollen helfen und tun dies auch, was dazu führt, dass es in manchen Situationen ein stärkeres Polizeiaufgebot gibt, als es die Situation selbst erfordert (BEHR 2000). Die Demonstration der Hilfsbereitschaft stellt eine essentielle Versicherung dar, dass man sich aufeinander verlassen kann.[121] Erlernbar ist diese Verhaltensmaxime nur im Kontakt mit den Kollegen im Polizeialltag, sie ist ein ungeschriebenes Gesetz, dessen Nichtbefolgung mit Außenseiterpositionen

Zusammenarbeit mit der zweiten am Projekt teilnehmenden Länderpolizei stattgefunden: ein Leiter einer Kriminalpolizeidienststelle (höherer Dienst), eine Zugführerin einer Einsatzhundertschaft (gehobener Dienst), der Leiter der Werbe- und Einstellungsstelle (höherer Dienst), eine Streifenpolizistin mit türkischem Hintergrund (gehobener Dienst), ein Streifenpolizist mit türkischem Hintergrund (gehobener Dienst), ein Einstellungsberater (gehobener Dienst), eine Mitarbeiterin der Polizeidirektion der Aus- und Fortbildung (Frauenbeauftragte, gehobener Dienst) und ein Streifenpolizist mit russischem Hintergrund. Die Gesprächsimpulse sind dem Anhang zu entnehmen.

[121] Diese bedingungslose Solidarität ist nur unter *street cops* zu finden, da nur diese in die Lage kommen, sich in unsicheren Situationen helfen zu müssen.

sanktioniert wird. So erfolgt zwar die Vertrauensvermittlung reziprok, wirkt jedoch assimilativ, da sich der Prozess an einer bestehenden Ordnung orientiert.
Eine wichtige Funktion zur Aufrechterhaltung dieser Ordnung erfüllt die Kommunikation von Geschichten und Erfahrungen. Erzählungen über die „Gefährlichkeit“ des Jobs, „heroischen“ Handlungen zur Entschärfung von Problemen und die besondere Zusammenarbeit von Kollegen besitzen in diesem Kontext Relevanz. Damit findet eine Vermittlung von normativen Orientierungen statt, die konstitutiv für Polizistenkultur sind. Diese kommunikative Vermittlung von Vergangenem ist insofern von anderen berufbezogenen Stories zu unterscheiden, als dass es sich auch um die Verarbeitung von dramatischen und traumatischen Erlebnissen handeln kann und somit einprägsamer sein dürfte. Berufsanfänger bekommen so zunächst durch die Erfahrungen von Kollegen ein Bild über den Polizeialltag, das dann bei der Verarbeitung eigener Erfahrungen als Projektionsfläche dient. „Die erwähnten Erzählungen erleichtern das Verstehen des Berufs und helfen auf diese Weise bei der Herausbildung einer beruflichen Identität“ (BEHR 2000, S. 213). Darüber hinaus findet durch die Erzählung von Geschichten und Erfahrungen eine Moralisierung von Polizeiarbeit statt, indem sie ihre gesellschaftliche Notwendigkeit signalisiert. Dabei definieren sich *street cops* als *good-guys*, was die Widerspiegelung des Aktionismus der Protagonisten in den Erzählungen und damit auch als Handlungsorientierung legitimiert (vgl. u.a. REINER 2000). Infolgedessen gerät die alltägliche Polizeiarbeit, welche nicht selten langweilig und trivial erscheint, in den Hintergrund. „... it is important in understanding police work that it is seen as a mission, as a moral imperative, not just another job” (EBD., S. 89). Mittels Moralisierung erhält polizeialltägliches Handeln ein starkes regulatives und autoritäres Moment, dessen Einfluss von den Beteiligten als überlegen akzeptiert ist. In diesem Kontext ist jede Norm, jede Regel ein Befehl, der keinen Raum für Zögern oder individuell getroffene Entscheidungen lässt. „... sich moralisch verhalten heißt, nach einer Norm handeln, die das Verhalten in dem bestimmten Fall entscheidet, ehe wir noch gezwungen sind, Partei zu ergreifen“ (DURKHEIM 1973, S. 77). Verhalten zu regulieren ist eine grundlegende Funktion von Moral und schafft damit Beständigkeit und Gleichheit. Deshalb muss sich eine moralisch motivierte Handlung in der Vergangenheit, Gegenwart und Zukunft gleichen, egal welche persönlichen Interessen und Neigungen die handelnde Person hat. Angehörige von Kollektiven, deren Handlungen von allgemein vertretenen Moralvorstellungen abweichen, geraten in eine Außenseiterposition, in der sie aufgrund der Ungewissheit über ihre Moralität mit Misstrauen beobachtet werden. Hinter der misstrauischen Beobachtung verbirgt sich die Befürchtung der Verletzung des Kollektivinteresses, denn moralische Handlungen sind überindividuell, indem sie unpersönliche Ziele verfolgen. Die Beweisführung mittels routinierten Verhaltens Normen und Regeln internalisiert zu haben, dient dem Einzelnen dazu, Anschluss an die soziale Gruppe zu finden, in der entsprechende Handlungen moralisch anerkannt sind. Durch die Internalisierung von Kollektivinteressen erfährt die gehorsame Befolgung von Regeln einen positiven Effekt, indem sie der Verwirklichung von hedonistischen Ansprüchen und Idealen

entgegen kommt.[122] Moral beinhaltet demnach zwei Seiten: „Hier als eine befehlende Gesetzgebung, die unseren ganzen Gehorsam erheischt, dort als ein großartiges Ideal, dem unser Gefühl spontan zuneigt" (DURKHEIM 1973, S. 144). Sich einer moralischen Ordnung anpassen entspricht also keiner passiven, sondern einer aktiven, zustimmenden Unterwerfung. Dabei wird die Motivlage der Mitglieder der Gefahrengemeinschaft erst durch den Prozess der Moralisierung von Polizeiarbeit generalisierbar.

Fast jede in Kollektiven beobachtbare Gewohnheit weist einen moralischen Charakter auf. Im Kontext der Gefahrengemeinschaft erfährt sie womöglich besondere Gewichtung, da Moralität Bedürfnisse nach Regelmäßigkeiten voraussetzt. Das Bedürfnis nach Sicherheit besitzt im Polizeialltag besondere Relevanz. Die Absicherung, dass Kollegen ihr Handeln auf einer ähnlichen moralischen Hingabe begründen, erfolgt in erster Linie durch Vertrauensbildung. Die Notwendigkeit des Vertrauens ist die Ursache für die Herausbildung von Regeln richtigen Verhaltens. Vertrauen stellt eine wesentliche Konsequenz der Kommunikation von Geschichten dar, in denen Erfahrungswissen Orientierungen für die Zukunft gibt. „In vertrauten Welten dominiert die Vergangenheit über Gegenwart und Zukunft, [...] die Orientierung am Gewesenen kann die Welt vereinfachen und verharmlosen" (LUHMANN 1989, S. 20). Der Blick in die Zukunft im Kontext einer vertrauten Umgebung ermöglicht ein sicheres Erwarten und damit die Reduktion verbleibender Risiken. Vertrauen steht demnach auch immer in Bezug zur Zukunft, indem es bestehende Gefahren ausgleicht und dem Handeln Souveränität verleiht. Diesem Prozess liegen Generalisierungsleistungen zugrunde, die Erfahrungen verallgemeinern und auf ähnliche Fälle ausdehnen. Die Vertrauensbildung findet nach innen gerichtet statt, d.h. sie gründet auf polizeiinternen Praktiken und den Polizistenkultur konstituierenden Grundprämissen. Demnach tritt innere Sicherheit an die Stelle äußerer Sicherheit und steigert damit die Unsicherheitstoleranz in Umweltbeziehungen. Insbesondere in Gemeinschaften, die von Dauer, wechselnden Abhängigkeiten und Unsicherheit geprägt sind, lassen sich intensiv ausgeprägte Vertrauensbeziehungen am häufigsten beobachten. Vertrauensbrüche in einer Gefahrengemeinschaft sind durch zwei Aspekte erschwert: Zum einen fordert „das Gesetz des Wiedersehens" (LUHMANN 1989, S. 39) sich immer wieder in die Augen sehen zu können. Zum anderen strukturieren Sanktionen die Zurechnung und Zuordnung von Schuld, was Vertrauens-/Misstrauensverhältnisse transparent gestaltet und bestätigt. Damit eine Handlung als vertrauensvoll gilt, muss sie als persönlich motiviert wahrgenommen werden, d.h. entscheidend ist nicht das Handeln, das infolge einer verbindlichen Weisung erfolgt. Um sich des Vertrauens seiner Kollegen sicher zu sein, muss der Einzelne vielmehr in Eifrigkeit, Gewissenhaftigkeit und Loyalität Selbstverständlichkeiten übertreffen. Handlungen, die in der Polizeidienstvorschrift

[122] Die Verwirklichung von Idealen steht jedoch bei der Berufswahl nicht als Motivation im Vordergrund. Die meist genannten Gründe zur Polizei zu gehen, beziehen sich auf die Bezahlung sowie die Vielfältigkeit der zu bewältigenden Aufgaben (vgl. u.a. BOSETZKY/HEINRICH 1994).

nicht festgelegt sind (z.B. das Springen in einen Fluss, um einem Verdächtigen folgen zu können, BEHR 2000) und trotzdem ohne Zögern geschehen, versichern, dass das Handeln nicht nur von einer bloßen Erfüllung einer Erwartungshaltung angetrieben wurde. Das o.a. Beispiel stellt allerdings schon ein Optimum an Vertrauensbeweisen dar, das den Handelnden zu „one of the best" definiert, der für besondere Einsätze sogar extra nachgefragt wird (HOLDAWAY 1991). Reine Normerfüllung führt dagegen nicht zu Zuschreibungen moralischer Hingabe. Im Gegenteil, übereifrige Regelkonformität führt eher zu Misstrauen, da dies den Verdacht weckt, dass der Betroffene illegitime, in der Polizistenkultur aber allgemein akzeptierte Handlungen an höhere Ebenen meldet. Die Kultur der Gefahrengemeinschaft ist jedoch grundsätzlich geprägt durch Verschwiegenheit. Der „*code of silence*" (vgl. u.a. SKOLNICK/FYFE 1993) schützt die Gemeinschaft und ihre ungeschriebenen Gesetze vor ständigem Verrat.[123] Er funktioniert in erster Linie über die Angst des Einzelnen, derjenige in der Gruppe zu sein, dem nicht 100% vertraut wird. Dies führt in der Konsequenz zu einem hohen Loyalitätsdruck, denn im Zuge von polizeiinternen dichotomen Unterscheidungen zwischen den Guten (Polizisten) und den Bösen (Verdächtige, Bürger allgemein als potenzielle Kriminelle) könnten Polizisten durch Vertrauensbrüche ihre eigene Berufsidentität gefährden. „... cops know that betraying the group betrays themselves and destroys their identities" (SKOLNICK/FYFE 1993, S. 111).
Moralisierungsprozesse sowie Mechanismen zur Vertrauensbildung als Notwendigkeiten der Gefahrengemeinschaft, Sicherheit aus sich selbst heraus zu generieren, um Polizeiarbeit weitestgehend ohne Einschränkungen zu ermöglichen, führt zu einer besonderen Ausprägung des beruflichen Habitus. BOURDIEU (1996) versteht hierunter, dass „alle Stimuli [...] in jedem Augenblick über Kategorien wahrgenommen [werden], die bereits von früheren Erfahrungen konstruiert wurden. Daraus ergibt sich ganz unvermeidlich eine Bevorzugung dieser ursprünglichen Erfahrungen und, als Folge davon, eine relative Geschlossenheit des für den Habitus konstitutiven Dispositionensystems" (EBD., S. 168). Der Habitus ist ein System interner Verhaltensregularien, die nicht nur losgelöst von äußerer Kontrolle funktionieren, sondern sich auch gegen äußeren Widerstand durchsetzen. Er kann dementsprechend als Basis von Identifikationsprozessen gesehen werden (WINDOLF 1981). Die Internalisierung von Normen, Regeln, Idealen und Grundannahmen organisationsinterner Subkultur und deren Expression ist Bestandteil von Identifikationsprozessen innerhalb derer persönliche durch überindividuelle Einstellungen und Ziele ersetzt werden (MERTON 1971). Betrachtet man nun die Frage nach der Akzeptanz von Beamten mit Migrationshintergrund im innerpolizeilichen Kollegenkreis, ließe sich vor dem Hintergrund der beschriebenen Aspekte zur Herausbildung von Solidarität und spezifisch ausgeprägter Habitusformen unter Polizisten (hier insb. *street cops*) die Vermutung äußern, dass

[123] Der „*code of silence*" ist kein polizeispezifisches Phänomen. Nach SKOLNICK/FYFE (1993) ist er jedoch aufgrund des hohen Loyalitätsdruckes innerhalb der Gemeinschaften der *street cops* besonders ausgeprägt.

Kollegialität unabhängig von der ethnischen Herkunft hegemonial wirkt, solange kulturelle Grundprämissen akzeptiert und ihre Internalisierung im Polizeialltag aktiv und zustimmend immer wieder bewiesen wird. Das setzt jedoch auch individuelle aktive Anpassungsleistungen an eine bereits bestehende und von den Mitgliedern der Mehrheit verteidigte Kultur voraus.[124] Hegemonie der Gefahrengemeinschaft sowie relative kulturelle Unauffälligkeit von MH-Beamten infolge von Assimilationsprozessen könnten auf der informellen, kollegialen Interaktionsebene wechselseitig Einfluss auf Inklusions- und Exklusionsprozesse nehmen. Auch Polizisten mit Migrationshintergrund erfüllen in diesem reziprok verlaufenden Prozess der beruflichen Sozialisation vermutlich Bedingungen, welche zur besonderen Ausprägung des beruflichen Habitus führen, der möglicherweise alle Merkmale zur Zuordnung zu anderen Bezugsgruppen als die der Polizei zu nivellieren vermag. Etwas überspitzt konnotiert und für einen von der deutschen Situation abweichenden multikulturellen Kontext behaupten WILKINS/WILLIAMS (2005) für Polizeiorganisationen in den USA in diesem Zusammenhang: „... organizational socialisation may actually strip away the racial identity of black officers and replace it with an organizational identity, in essence, fostering the transformation of being black in blue to being blue" (EBD., unveröffentlicht).

5.2 Akzeptanz von Migranten innerhalb des Kollegenkreises

Im Folgenden soll der zuvor aufgeworfenen Frage nachgegangen werden, inwieweit Kollegialität in der Polizei auch in Bezug auf ethnisch fremde Polizisten hegemonial wirkt und welche Bedingungen zur kollegialen Akzeptanz sowie zur vorherrschenden Wahrnehmung und Ausführung der Berufsrolle führen. Überlegungen dazu sollen durch entsprechende empirische Ergebnisse aus den sechs Einzelinterviews und den beiden Gruppendiskussionen hervorgehoben werden.

5.2.1 „Wenn ich da in Uniform stehe, bin ich der Kollege. Da bin ich nicht der Ausländer..." – Symbolische Dominanz von Kollegialität

Die Interviews und Gruppendiskussionen haben gezeigt, dass Migranten innerhalb des Polizeialltags grundsätzlich in ihrer Berufsrolle des Polizisten anerkannt sind. Dieses Ergebnis ist jedoch nicht zu generalisieren und vor allem bedingen

---

[124] Dieser betrifft zunächst einmal alle Organisationsmitglieder gleichermaßen, unabhängig von Geschlecht, Religion, sexueller Orientierung, ethnischer Herkunft etc. Inwieweit Mitglieder von Minderheiten, hier also Migranten, in Organisationen vom „Standard" abweichende Leistungen erbringen müssen, bleibt später zu klären (vgl. 5.2.1.1).

unterschiedliche Voraussetzungen die Fremdwahrnehmung sowie das Akzeptanzniveau einheimischer Kollegen. Hegemonial wirkende Berufsrollen von Polizisten entstehen und setzen sich in erster Linie durch Symbolik fort. Die Uniform symbolisiert beispielsweise Gemeinschaftlichkeit sowohl nach außen als auch nach innen. Sie verdeutlicht einen hohen Grad an Einheitlichkeit, die auch Kategorien von Herkunft und Identität im Polizeialltag aufheben.

„Wenn ich da in Uniform stehe, bin ich der Kollege. Da bin ich nicht der Ausländer... Ich werde immer so betrachtet wie ein Kollege... Man ist ja halt in so ner Solidargemeinschaft bei der Polizei. Man muss ja seinen Kollegen sozusagen 100, 150-prozentig vertrauen."[125]

Auf dieser symbolischen Ebene der Organisation ist man zuerst Polizist oder Polizistin, aber nicht Türke oder Polin. Die Uniform versinnbildlicht und verstärkt Prinzipien von Polizistenkultur, indem sie die Vertretung gemeinsamer Interessen und Ideale anzeigt und so kollektives und vereinheitlichtes Handeln ermöglicht. Sie symbolisiert die Funktion des Trägers und dessen Zugehörigkeit zur Gemeinschaft. Im Vordergrund von Wahrnehmungsprozessen der Kollegen in Uniform stehen damit Maxime, die gegenseitige Hilfsbereitschaft und starkes Vertrauen repräsentieren und damit auf Grundannahmen und Grundprämissen der Gefahrengemeinschaft verweisen. Damit ist die Uniform Ausdruck gemeinsamer Identifikation (MANNING 1977). Mit obigem Zitat deutet sich bereits die Möglichkeit an, dass ethnische und kulturelle Merkmale von Polizisten mit Migrationshintergrund in der Fremdwahrnehmung von einheimischen Kollegen an Bedeutung gewinnen, wenn die Uniform fehlt.

„Das liegt auch mit am äußeren Erscheinungsbild... solange Herr Kaya [Name geändert, Anm. d. Verf.] *seinen grünen Langen anhat oder auch grünen Kurzen ist alles in Ordnung. Wenn er dann in die Freizeit geht, dann ist mir das nicht bewusst. Deswegen habe ich auch eben gemeint, es wäre ein stückweit schwieriger, wenn er nach wie vor bei der Polizei ist, aber nicht die Uniform anhätte, sondern bei der Kriminalpolizei wäre, sage ich mal [...] Ich sag ja solange er aus dem Funkwagen rauszeigt, das ist ja die Oase dessen, wir halten immer zusammen, egal wer da ist. Wenn man vom äußeren Erscheinungsbild, aha, Schutzmann, ist immer Kollege, ne [...] die Frage ist wirklich wie belastbar ist dieses, er ist einer von uns, wenn er die Uniform auszieht."*[126]

In diesem Beispiel geht es um die Diskussion der möglichen Folgen für Beamte im Hinblick auf ihre Akzeptanz, deren ethnische Herkunft mit einer terroristischen

---

[125] Kommissaranwärter mit indischem Hintergrund.

[126] Die Aussage „einer von uns" bezieht sich auf den Eingangstimulus der Gruppendiskussion: Es gibt Situationen, in denen ein MH-Beamter einer von uns ist und Situationen, in denen er auf Unverständnis stößt. Leiter einer Werbe- und Einstellungsstelle.

Gruppe oder einem einzelnen Attentäter gemein ist, die aktuell einen Anschlag verübt haben (hier mit muslimischem Hintergrund). Loyalitätszweifel sowie Misstrauen gegenüber jeweiligen Beamten mit Migrationshintergrund entstehen demnach nicht, solange die Internalisierung der Bedingungen der Gemeinschaftlichkeit sichtbar unter Beweis gestellt ist. Im vorliegenden Fall zeigt das Tragen der Uniform sowie die Mitfahrt im Streifenwagen uneingeschränkte Zugehörigkeit an. Mit der konkreten Zuweisung von Berufsrolle und daran anschließende Habitusformen ist eine überlegene Identifizierung des Polizistseins und schließlich auch zweifellose Kollegialität verbunden. Die Zugehörigkeit zur Gruppe der Polizisten steht möglicherweise erst dann in Zweifel, sobald symbolische Beweisträger in der Wahrnehmung des Anderen keine Rolle mehr spielen können. Damit wird eine Zuordnung zu anderen Bezugsgruppen *möglich* und somit auch Unklarheit darüber, welche moralischen Maßstäbe, Einstellungen und Ideale das Verhalten außerhalb des symbolisch behafteten Polizeialltages prägen. Als selbstverständlich angenommene Grundannahmen *können* plötzlich fraglich sein, indem kollektive herkunftsspezifische polizeispezifische Zuschreibungsmerkmale überlagern. Hiermit deuten sich Tendenzen zur stereotypisierenden Ein- und Ausgrenzung an, indem stereotypes Denken nach innen in erster Linie Kollegialität und nach außen Nichtzugehörigkeit prägt (CHAN 1997). Einschränkungen dieser Entwicklungen ergeben sich insofern, als dass die hier beschriebene eine besondere Situation von Loyalitätskonflikten darstellt[127]. Grundsätzlich wird jedoch seitens der Gesprächsteilnehmer kein Generalverdacht gegenüber Polizisten mit Migrationshintergrund geäußert. Dies entspricht der Annahme, dass Kollegialität infolge des Tragens einer Uniform auch ohne persönliche Nähe generell alle anderen möglichen Zuschreibungskriterien überlagert und „der entfernteste Kollege noch näher steht als der naheste Nicht-Kollege“ (BEHR 2006, S. 93).
Eine besondere Symbolisierung von Gemeinschaft ergibt sich im Falle von speziellen Bedrohungsszenarien, die geschlossene Großeinsätze erfordern, um die öffentliche Ordnung wiederherstellen zu können.

„Ich habe auf meiner Dienststelle sehr unterschiedliche, die nicht unbedingt Eigenbrödler sind, aber die aus ihrer Individualität, sowohl in ihrer Person als auch in ihrer Arbeit sehr großen Wert legen. Ich weiß aber auch, wenn dann, wenn es dann im Tagesgeschäft ist, wenn es dann aber mal kracht, und alle Mann gebraucht werden, und dann auch so ein Stück Uniform gebraucht wird, dann steht da eine Wand. Dann steht da nicht Meier, Müller oder Schulze, sondern dann steht da eine Wand aus relativ homogenen Ziegelsteinen.“[128]
Heterogenität und Individualität in der Ausübung der Berufsrolle im trivialen Polizeialltag, in dem in erster Linie ungefährliche Schreibtischarbeit erledigt werden

[127] In Kapitel 5.2.1.1 wird das Problem der Loyalitätskonflikte noch eingehender behandelt werden.
[128] Leiter eines Polizeikommissariats.

muss, sind nach dieser Aussage akzeptiert, wenn man sich der Konstitution von Gemeinschaftlichkeit im Notfall sicher sein kann. Im Alltag kommt es demnach nicht so sehr auf den Einsatz gemeinsamer Kräfte an. Trotzdem ist die Gefahrengemeinschaft in der Lage, infolge der Bedrohung von außen besondere Stärke und Zusammenhalt zu symbolisieren, indem mehr oder weniger individuell ausgeübte Berufpraktiken sowie persönliche Identitäten in den Hintergrund geraten. Aus einer heterogenen entsteht eine homogene Dienstgruppe, die mittels Uniform und Personenstärke sowohl nach innen als auch nach außen polizeiliche Macht und Unverletzlichkeit versinnbildlichen kann. Der persönliche Einsatz erfolgt bedingungslos, hierarchische und formelle Strukturen verlieren an Bedeutung, da es sich um „affektiv hoch besetzte Situationen" (BEHR 2000, S. 197) handelt. Verhalten besitzt in derartigen Gefahrensituationen einen starken moralischen Charakter, das durch aktive Unterwerfung unter kollektive Entscheidungen geprägt ist (vgl. Kapitel 5.1). Nicht wer durch Individualität im Polizeialltag auffällt, gilt als Außenseiter, sondern derjenige, der bei dieser Form der Identitätsarbeit nicht mitmacht. In diesen Situationen konstituieren sich symbolisch und manifest Gewissheiten darüber, auf wen man sich verlassen kann.
Die Wahrnehmung der Berufsrolle des Polizisten kann sowohl für deren Darsteller (zur Bedeutung sowie zu Interaktionsmustern von Beobachtern und Darstellern siehe GOFFMAN 1969) selbst als auch für Außenstehende hegemonial wirken. Insbesondere die Uniform stellt auch einen starken Symbol- und Identifikationsträger nach außen dar. In der Konsequenz trägt sie in der Regel zur hegemonialen Wahrnehmung der Berufsrolle des Polizisten von Außenstehenden bei, welche eine Zuordnung zu einer bestimmten Gruppe aufgrund von ethnischen Merkmalen in den Hintergrund treten lassen *kann*.

„*Weil letztendlich, wie gesagt, bei dem einen Kollegen, der echt, der ist, der ist echt richtig dunkel, der ist schwarz wie die Nacht, würd' ich schon sagen. Und dann sagt einer: Hey, du nimmst mich fest, weil ich Ausländer bin! Und da denk ich, da sieht man ja schon, dass man uns nicht als Ausländer sieht, sondern als Polizist...*"[129]

„*Also es ist eher so, dass die Leute sich an der Uniform orientieren und die dann halt sehen: ä'n Polizist! Ich mein, ich selber, wenn ich jetzt draußen wäre und nen dunkelhäutigen Polizisten sehe, das ist natürlich auch was Besonderes. Und genau dasselbe ist das auch für die, für die Bürger halt.*"[130]

Die Annahme einer vorherrschenden Wahrnehmung der Berufsrolle muss hier insofern eine Einschränkung erfahren, als dass eine wahrgenommene höhere Abweichung von körperlichem Aussehen (hier die dunkle Hautfarbe) zu einer doppelten Zuordnung von Merkmalen führen kann. Dann erfolgt nicht mehr nur eine

[129] Kommissaranwärterin mit malaysischem Hintergrund, bei deutschen Adoptiveltern aufgewachsen.
[130] Kommissaranwärter mit indischem Hintergrund.

Identifizierung des Polizisten, sondern des *schwarzen* Polizisten, der zunächst für Irritationen sorgt, indem er eine Besonderheit in der Wahrnehmung von Polizei generell darstellt. „Wenn Zuwanderer sich in der Wahrnehmung von Etablierten durch Hautfarbe oder Kleidung etc. unterscheiden, werden subjektiv und selektiv wahrgenommene Abweichungen in körperlichem Aussehen zur leichten Identifizierung und Zuschreibung zur Außenseitergruppe verwendet. Zuschreibungen finden dann infolge der Wahrnehmung von individuellen Merkmalen statt" (HUNOLD 2005, S. 307). Insbesondere in angloamerikanischen Ländern und den Niederlanden, in denen zu großen Teilen auch Migranten mit dunkler Hautfarbe eingestellt wurden, führte eine höhere Fremdwahrnehmung durch einheimische Kollegen und Bevölkerung ihnen gegenüber zu verstärkten Ressentiments. Dunkelhäutige Polizisten stellen in der deutschen Polizei noch eine Ausnahme dar. Denkbar ist, dass das Äußere der meisten MH-Beamten hier häufiger als weniger abweichend wahrgenommen wird[131]. Sie würden dann Merkmalszuschreibungen vornehmlich aufgrund ihrer symbolischen nach außen getragenen Konformität mit ihrer Berufsgruppe erfahren.

Bezüglich der hier dargestellten Wirkung von Symbolik auf die Konstruktion von Vertrauen und Kollegialität lässt sich zusammenfassend konstatieren, was BEHR (2006) in Bezug auf den Begriff des Korpsgeistes definiert hat. Folglich existiert ein vorherrschendes kollektives Identifikationsgefühl u.a. dann, wenn „man sich eingeschworen fühlt auf Regeln, die aus Fremden Freunde machen (sollen): Dazu zählen besonders universelle Standards, die einen hohen Verbindlichkeitsgrad haben und auch ohne persönlichen Kontakt einen hohen Gemeinsamkeitswert herbeiführen [hier z.B. die Uniform und/oder die besondere Gefahrensituation, Anm. d. Verf.] [und] Kategorialattributionen (Polizist, SEK-/MEK-Mann, BFE'ler) erfolgreich, d.h. alltagsrelevant und vor allem affirmativ eingesetzt werden" (EBD., S. 93 ff.). Unterhalb dieser verbindlichen Generalsymbolik lassen sich jedoch Abstufungen von Zugehörigkeit ausmachen, welche sich vorwiegend über individuelle Anpassungsleistungen an die vorherrschende Subkultur entscheiden. Wahrnehmungen sowie Auswirkungen unterschiedlicher Assimilationsleistungen sollen im Folgenden dargestellt werden.

---

131 Hierzu zählen in den vorliegenden Fällen auch Beamte mit asiatischen Hintergründen. Gründe hierfür bleiben im Dunkeln, könnten für den deutschen Raum u.a. jedoch in der mit afrikanischen Migranten vergleichbar längeren Ansässigkeit in Deutschland zu suchen sein. Die Wahrnehmung von Migranten mit asiatischem Hintergrund wäre dementsprechend mit einer größeren Selbstverständlichkeit verbunden.

5.2.1.1 Bedingungen hegemonialer Kollegialität – (Fremd-)Wahrnehmung von Beamten mit Migrationshintergrund im Kontext von Assimilationsleistungen

In Bezug auf kulturelle Unauffälligkeiten von Polizisten mit Migrationshintergrund im Polizeialltag und deren möglicher Einfluss auf interethnische kollegiale Beziehungen können grundsätzlich zwei Assimilationsprozesse unterschieden werden. Zum einen bringt die Perzeption von organisationsinterner Unauffälligkeit, welche mit hohen Anpassungsniveaus an die jeweilige Organisationskultur verbunden ist, eine geringere Antizipation von Fremdheit mit sich. Dann gelten ethnisch fremde Polizisten zwar als organisationskulturell unauffällig, können jedoch Irritationen bei Beobachtern hervorrufen, wenn deren erwartete Fremdheitserfahrungen keine Bestätigung finden. Zum anderen führen die in Kapitel 3.2 beschriebenen Assimilationsleistungen vor Eintritt in die Organisation zu einer relativ geringen ethnisch begründeten Fremdwahrnehmung der migrantischen Kollegen im Polizeialltag. Erste Anhaltspunkte zum Effekt organisationsinterner Unauffälligkeit gibt folgendes Zitat:

„Ich habe jetzt einen einzigen Kollegen mit Migrationshintergrund bei mir gehabt, äh, und ja der war in meinen Augen so etwas von unauffällig, weil der sich genauso gegeben hat, zumindest in der Zeit, wo ich mit ihm Berührungspunkte hatte, wie alle anderen auch... das war auch so eine Besonderheit, als ich den Namen das erste Mal gesehen hatte, da wusste ich natürlich nicht, was ist Name, was ist Vorname. Prompt hatte ich ihn natürlich falsch in der Liste erst, ne. Sehr angenehmer Kollege und wie gesagt, aber ich habe nicht gemerkt, dass Migrationshintergrund da war, obwohl ich das natürlich wusste... der ist wie selbstverständlich, als wenn er schon ewig da gewesen ist, hat der sich eingefügt. Und aus diesem Grunde völlig unauffällig [...] Unauffällig meine ich jetzt im Verhalten gegenüber den Kollegen [...] unauffällig nicht, weil er ist eigentlich ein typischer Vertreter, schwarzhaarig [...] ich habe ihm Hilfe angeboten, falls er noch Fragen hat, wie auch immer, und es ist dergleichen nie erforderlich gewesen [...]“[132]

Das Wissen um den Migrationshintergrund eines neuen Kollegen führt hier zur Antizipation von Komplikationen im Prozess des Sich-Einfügens in die Berufsrolle. Es werden Auffälligkeiten erwartet, die sich auf mögliche Wahrnehmungen herkunftsspezifischer Verhaltensweisen beziehen und solche, die infolge der Abweichung der allgemeinen berufshabituellen Norm wirken. Das äußere Erscheinungsbild scheint im vorliegenden Beispiel weniger Bedeutung für Fremdwahrnehmungen zu haben. Die größte Irritation ergibt sich aus der Besonderheit des fremden Namens und der Unfähigkeit, diesen einordnen zu können. Die in der Wahrnehmung des Befragten vorherrschende Unauffälligkeit des erwarteten Fremden entsteht vielmehr infolge der Erfüllung organisationseigener

[132] Leiter eines Polizeikommissariats.

Normen. Unauffälligkeit ist in diesem Zusammenhang also gleichzusetzen mit Anpassungsleistungen an den allgemeinen Standard des Polizeialltages, den damit verbundenen Umgangsformen untereinander und das selbstständige Erlernen des Berufes. Mit dieser wahrgenommenen Nivellierung der erwarteten Fremdheit geht auch die Akzeptanz des Polizisten mit Migrationshintergrund als Kollege einher. Diese ist mit der selbstverständlichen Erfüllung des für nicht selbstverständlich Gehaltenen verbunden. Handlungen sind hier nicht infolge von verbindlichen Weisungen erfolgt, sondern aufgrund persönlicher Motivation. Die Antizipation von Komplikationen aufgrund des Wissens um einen Migrationshintergrund deutet auf die Möglichkeit hin, dass der erwähnte Polizist seine Fähigkeiten anfänglich mehr unter Beweis stellen musste als seine einheimischen Kollegen, um in seiner Berufsrolle vollständig akzeptiert zu sein. Die Entwicklung besonderer Erwartungshaltungen ist bereits von verschiedenen Autoren für die Integration von Frauen in die deutsche Polizei diskutiert worden. In diesem Kontext konstatiert z.B. BEHR (2000), dass „Männer per se gute Polizisten sind", jede Frau muss dagegen immer wieder neu beweisen, dass sie eine gute Polizistin ist (EBD., S. 165). Dabei sind sie erst dann „akzeptiert, wenn sie so sind (arbeiten) wie Männer" (BEHR 2006, S. 106).[133] Es ist zu vermuten, dass eine höhere Erwartungshaltung nicht nur in Bezug auf Migranten und Frauen, sondern auf alle Merkmalsträger existiert, die von der gesellschaftlichen und innerpolizeilichen Norm abweichen (z.B. Homosexuelle, religiös „anders" Denkende etc.). Voraussichtlich ist die Höhe der Erwartungshaltung aber immer eine andere, je nachdem inwieweit die Konstruktion des jeweiligen Merkmals in der Wahrnehmung des anderen vorherrscht. Frauen werden z.B. vornehmlich in Verbindung der Geschlechtskategorie wahrgenommen, während dies jedoch nicht für Männer gilt (KANTER 1987). Für Migranten, welche ein hohes Maß an Akkulturationsleistungen bereits vor Eintritt in die Organisation vollzogen haben, könnte die Konstruktion des Merkmals der ethnischen Zugehörigkeit in der Beobachterwahrnehmung weniger manifest wirken, da dieses in alltäglichen Habitusformen geringeren Ausdruck findet. Möglicherweise ist hiermit eine geringere Erwartungshaltung verbunden, die dann allerdings vornehmlich gegenüber männlichen Polizisten mit Migrationshintergrund bestehen könnte. Dies bliebe in weiterführenden Studien zu prüfen.

Migrantische Polizisten müssen im Vergleich zu Frauen so möglicherweise nicht nur eine niedrigere Beweisführung dafür antreten, dass sie gute Polizisten sein können, sondern fallen mit Blick auf ihre ethnische Zugehörigkeit im Polizeialltag auch weniger auf, wenn sie gesellschaftliche Grundprämissen bereits vor der Ausübung des Polizeiberufes internalisiert haben. Besondere Bedeutung haben in diesem Kontext Sprachleistungen, d.h. wenn die deutsche Sprache fehler- und dialektfrei gesprochen werden kann. Relevanz kann in diesem Zusammenhang auch das äußere Erscheinungsbild besitzen, das Unauffälligkeit noch verstärkt, wenn es nicht als

[133] Die Situation von Frauen in der Polizei ist heute nicht mehr so konfliktbehaftet wie noch vor 25 Jahren. Sie sind zunehmend auf allen hierarchischen Ebenen etabliert und anerkannt (vgl. u.a. BEHR 2000, 2006).

„südländisch" wahrgenommen wird. Ein Gruppendiskussionsteilnehmer beispielsweise, der als Kind aus Russland nach Deutschland migrierte, ist insbesondere aufgrund seiner guten Sprachleistungen zu Beginn seines Dienstes nicht als Migrant wahrgenommen worden. Die geringe Antizipation von Fremdheit kann auch hier bei einheimischen Polizisten zu Irritationen führen, wenn im Polizeialltag „plötzlich" Merkmale in den Vordergrund der Wahrnehmung treten, die auf einen Migrationshintergrund schließen lassen.

„Ich kann mir auch vorstellen, dass das durchaus, dass etwas anderes hat, wenn er [der russischstämmige Kollege, Anm. d. Verf.] *mitkommt und auf einmal dolmetscht und auf einmal eine fremde Sprache spricht, dass da irgendwie ein Schalter umgelegt wird und dass das richtig klasse ist, wenn man das kann, aber ich kann mir gut vorstellen, dass es Kollegen gibt, die dann da stehen und sagen, oh was ist das denn jetzt, jetzt spricht der auf einmal russisch..."*[134]

Das obige Beispiel beschreibt eine Irritation einheimischer Kollegen, welche einen aus dem Alltagsgeschäft bekannten Polizisten mit Migrationshintergrund (über den meist auch das Wissen über seine ursprüngliche Herkunft existiert) aufgrund seiner verschiedenen Anpassungsleistungen als Polizeikollegen wahrnehmen, ohne dabei bisher mögliche individuelle herkunftsspezifische Kenntnisse und Fähigkeiten antizipiert zu haben. Erst in einer Situation, in der kulturelle Besonderheiten zum Einsatz kommen, rückt der Migrationshintergrund des Kollegen in den Vordergrund der Wahrnehmung. Bis zu diesem Zeitpunkt war das kollegiale Verhältnis unhinterfragt, berufsbezogene Handlungen entsprachen der bekannten Routine sowie kollektiv projiziertem Erfahrungswissen. Durch die nicht der Erwartung entsprechenden Verwendung der fremden Sprache gerät das „Denken-wie-üblich" ins Wanken und damit auch die Grundprämissen des gegenseitigen Vertrauens. In der Folge kann es bei einer kurzen Irritation der alltäglichen Ordnung bleiben, die erneut in den Hintergrund oder sogar in Vergessenheit gerät, wenn die berufliche Routine wieder einkehrt. Als weitere Konsequenz sind jedoch auch Loyalitätszweifel möglich, die zu einer misstrauischen Beobachtung des Kollegen führen, hinter der sich die Befürchtung der Verletzung des Kollektivinteresses verbirgt (s. Kapitel 5.1), indem man ihm plötzlich die Verfolgung persönlicher Interessen zutraut. Schließlich ist seine Vertrauenswürdigkeit aufgrund der fremden Sprache auch schwer zu verifizieren, d.h. hier ist das Vertrauen auf eine zusätzliche Probe gestellt, indem man dem Kollegen glauben muss, dass er das Gesagte wahrheitsgemäß übersetzt, anstatt seine vermeintliche Loyalität zur eigenen ethnischen Gruppe zu verbergen. „Zweifelhafte Loyalität" des Fremden (SCHÜTZ 1972, S. 68) ergibt sich insbesondere in Begebenheiten, in denen der Fremde erwartete kulturelle Muster nicht erfüllt und statt dessen Merkmale der Herkunftskultur die Orientierung für seine Handlungen geben. Der Fremde bleibt ein „marginal man, [...] ein kultureller Bastard an zwei verschiedenen Mustern des

[134] Beamtin einer Dienstelle für Aus- und Fortbildung.

Gruppenlebens, der nicht weiß, wohin er gehört". Die Befürchtung von Loyalitätskonflikten entwickelt sich häufig „aus dem Erstaunen der Mitglieder der in-group, dass der Fremde nicht die Gesamtheit von deren Kultur- und Zivilisationsmuster als den natürlichen und angemessenen akzeptiert und als die beste aller für jedes Problem möglichen Lösungen" (EBD., S. 68). Entgegen dem allgemeinen funktionalistischen Anspruch, kulturspezifische Fähigkeiten migrantischer Polizisten für die Polizeiarbeit nutzen zu wollen, ist das Dolmetschen aufgrund der Möglichkeit zweifelhafter Loyalität im engeren Kollegenkreis nicht immer erwünscht.[135]

„Also, eigentlich wird das nicht gerne gesehen, dass man während eines polizeilichen Einsatzes mit einem Bürger auf einer anderen Sprache spricht, die der Kollege nicht versteht. Das ist eigentlich nicht erwünscht, weil man nicht weiß was da für Sachen fallen..."[136]

Loyalitätszweifel bleiben jedoch meist Ausdruck einzelner Irritationserfahrungen, in denen die Motivation einer konkreten Handlung nicht mehr unhinterfragt bleibt. Grundsätzlich sind Polizisten mit Migrationshintergrund in Situationen der Berufausübung von kollektiven Zuschreibungsmerkmalen, welche die Zugehörigkeit zu einer anderen Gruppe als die der Polizisten anzeigt, ausgeschlossen.

„Auf jeden Fall haben wir hier Unterrichtswoche gefahren in dieser Straße und der Kollege sagt zu mir: „Wie hieß denn die Straße noch? Ich mein, das ist da drüben bei den Kanaken." Da dachte ich: Ist der so blind? Das gibt es doch gar nicht. Er: „Tschuldigung, ne. Ja, auf jeden Fall denen." Da dreht er sich um und das war's..."[137]

In dieser Situation fällt die Negativstereotypisierung der ethnischen Gruppe, der auch der beteiligte Kollege mit (türkischem) Migrationshintergrund angehört, als selbstverständliche Bemerkung. Stereotypisierungen von Bevölkerungsgruppen gehören u.a. zum Polizeijargon (SKOLNICK/FYFE 1993).[138] Sie sind zentraler Ausdruck von Misstrauen, das aus der Spezifik polizeilicher Arbeit heraus besonders ausgeprägt sein kann (vgl. u.a. REINER 2000). Umgangssprache innerhalb der Polizei, welche soziale Gruppen mit besonderen Merkmalen belegt, ist wie das

---

[135] Dennoch gibt es sog. Dolmetscherlisten, in denen Polizisten mit Migrationshintergrund mit guten Kenntnissen der Herkunftssprache verzeichnet sind. Im Bedarfsfalle werden diese dann für Übersetzungsarbeiten angefordert.

[136] Kommissaranwärterin mit türkischem Hintergrund.

[137] Kommissaranwärter mit türkischem Hintergrund.

[138] Stereotype sind dabei kein polizeispezifisches Phänomen, sondern kommen in allen sozialen Gruppen vor. Vielmehr können sie inhaltlich gruppenspezifisch sein. So könnten z.B. Allgemeinärzte Hilfesuchende, die nicht wirklich krank sind, als Hypochonder bezeichnen und Anwälte bestimmte Mandanten als notorische Rechthaber.

Symbolisieren von Gemeinschaftlichkeit ein Aspekt von Identitätsarbeit und liefert Abgrenzungsmöglichkeiten zum „gemeinen Bürger“[139]. Sie gehört damit zum Kern von Polizistenkultur. Die Überlegungen zum tendenziellen polizeilichen Konservatismus sowie zu möglichen fremdenfeindlichen Ansätzen (vgl. Kapitel 3.1.2) lassen innerpolizeiliche Neigungen zur sprachlichen Herabsetzung von ethnischen Gruppen zumindest nicht ganz ausschließen. Obiges Beispiel lässt in diesem Zusammenhang zum einen eine gewisse Selbstverständlichkeit der Verwendung der stereotypen Begrifflichkeit annehmen. Zum anderen verdeutlicht sich auch hieran, dass Zugehörigkeitsmerkmale, die außerhalb des Polizeikontextes liegen, z.B. der Migrationshintergrund, innerhalb der routinierten Ausübung von Polizeiarbeit kaum Relevanz besitzen. Es folgen Irritationen auf beiden Seiten, da ähnlich wie bereits in der beschriebenen Dolmetschersituation das selbstverständlich Geglaubte auf Unverständnis stößt und auf Seiten des einheimischen Kollegen plötzlich der Migrationshintergrund die Wahrnehmung des Anderen überlagert. Die Irritation des migrantischen Polizisten besteht vielmehr darin zu erkennen, dass seine ethnische Zugehörigkeit in der Wahrnehmung des einheimischen Polizisten keine Rolle spielt und Mitglieder seiner ethnischen Bezugsgruppe negativ stereotypisiert werden.
Bezüglich der eingangs aufgeworfenen Frage, welche Auswirkungen ethnische und kulturelle Unauffälligkeit auf Akzeptanz im Kollegenkreis hat, lässt sich zusammenfassend konstatieren, dass Unauffälligkeit infolge der Erfüllung des unhinterfragt Selbstverständlichen, das mit der Ausübung des Berufs des Polizisten verbunden ist, scheinbar auch zur weitestgehend unhinterfragten Kollegialität führt. Dabei stellt die Unauffälligkeit von ethnisch fremden Polizisten in erster Linie deren Anpassungsleistung an bereits bestehende Polizeikulturen dar, in denen ethnische Zugehörigkeit und damit zusammenhängende Habitusformen (noch) keine Bestandteile des Selbstverständlichen und Erwarteten ausmachen. Perzeption von Fremdheit ist dementsprechend weniger mit äußeren Erkennungsmerkmalen ethnischer Fremdheit verbunden, als vielmehr mit habituellen Abweichungen vom Selbstverständlichen. BEHR (2006) definiert *Cop Culture* als Homogenitätskultur, die vor allem „institutionspatriotisch“ wirkt (EBD., S. 41). Damit lässt sie auch Raum für „Exoten“ solange sie die kulturellen Grundannahmen teilen und immer wieder unter Beweis stellen. Dabei erscheint gerade die Expression der Internalisierung innerpolizeilicher Prämissen in Arbeitseinsätzen von Bedeutung. Ob jemand in seiner Pause einen Gebetsteppich ausbreitet, um seine Religion auszuleben, hat vermutlich zunächst kaum Auswirkungen auf die Beurteilung seiner Polizistenrolle. Denn wenn dieser in der Berufsausübung keine Loyalitätskonflikte auslöst, indem er sein Verhalten an dem Erwartbaren orientiert, geraten seine privaten lebensweltlichen Orientierungen in den Hintergrund. Zu überprüfen wäre dementsprechend, inwieweit Sichtbarkeit ethnisch-kultureller Lebenspraktiken in

[139] Dies war eine allgemeine Bezeichnung für Bürger, die einige Polizisten einer Nachtschicht auf dem 1. PK Osnabrück benutzten (dort habe ich im Jahr 2000 eine Nachtschicht eines Streifenteams begleitet und u.a. einige Zeit im Aufenthaltsraum des Kommissariats verbracht).

halbprivaten Situationen Auswirkungen auf kollegiale Interaktionen hat (vgl. Kapitel 5.2.2). Zugehörigkeit entscheidet sich unter *street cops* also hauptsächlich danach, inwieweit die Art der Ausübung der Berufsrolle an die normativen Orientierungen der *Cop Culture* heranreicht. Erfüllt ein Polizist diese Maßgaben, gehört er zur Gemeinschaft, weil er in erster Linie als nützlich zur Aufrechterhaltung dieser und ihrer Funktionen gilt.

„Einer von uns, da fiel mir im ersten Augenblick ein, wenn er höflich ist, wenn er im Sinne, ja Polizei funktioniert [...] Insofern einer von uns, weil als Beamtin nützlich, funktioniert gut dann. Also funktioniert besser, nicht mit so viel Konflikten.“[140]

„Einer von uns ist... ja, von uns, also auf einer Wellenlänge und wenn er fremd ist und auf Unverständnis stößt... das sollte eigentlich nicht sein. Man ist Polizeibeamter und man macht seine Arbeit und da gibt es eigentlich nicht, dass er fremd ist und auf Unverständnis stößt.“[141]

Im letzten Beispiel verdeutlicht sich die Vorstellung des Teilnehmers, dass die Zuordnung zur sowie die (Selbst-)Identifizierung mit der Berufsrolle des Polizisten alle anderen (Zugehörigkeits-)Merkmale, die Fremdheit auslösen können, neutralisiert. Unterschiedlichkeit und Vielfalt sind in der Berufausübung nicht akzeptiert und es ist anzunehmen, dass sie tendenziell zuallererst als Bedrohung der Gemeinschaftlichkeit und nicht als Chance neuer Perspektiven und Alternativen der Polizeiarbeit wahrgenommen und interpretiert werden.
Zwar haben Assimilationsleistungen große Relevanz bei Entscheidungen über Ein- und Ausgrenzung in Polizistengemeinschaften, allerdings sollte dieser Prozess des Sich-Einfügens nicht als grundsätzliche Barriere zur Förderung von Vielfalt gelten. Ohne Anpassung gäbe es keine Kultur und ohne Kultur keine Gemeinschaften. Vielmehr ist von Bedeutung, welches Maß an Unterschiedlichkeit Kultur zulässt. Durch einen faktischen demographischen Wandel in einer Organisation verändert sich langfristig auch die Organisationskultur, mal schneller, mal langsamer, je nachdem, um welchen Organisationstyp es sich handelt. Die Integration von Frauen in die deutsche Polizei hat bereits Auswirkungen auf die Organisationskultur gehabt, auch wenn Androzentrismus immer noch ein zentrales Merkmal von *Cop Culture* sein mag (vgl. u.a. BEHR 2000, 2006, REINER 2000). Bis zum jetzigen Zeitpunkt ist ethnische Vielfalt kaum Bestandteil der alltäglichen Selbstverständlichkeit im Polizeialltag. CHAN (1997) sieht in Veränderungen von Polizistenkultur deshalb den stärksten Motor zur Förderung und Akzeptanz von Vielfalt innerhalb der Polizei. In diesem Zusammenhang ist auch von Bedeutung, ob Migranten im Polizeivollzugsdienst weiterhin eine kleine Minderheit bleiben oder aber ihr Anteil sukzessiv erhöht wird. Die Position des *Token* oder *Solo* (KANTER 1978, BLOM 2005a, 2005b) sind Konzepte, die sich kritisch mit der Position von einzelnen oder

---

[140] Zugführerin einer Einsatzhundertschaft.

[141] Leiter eines Polizeikommissariats.

wenigen Mitgliedern von Minderheiten in Organisationen beschäftigen und einen weiteren Erklärungsansatz für Unauffälligkeit und Akzeptanz von ethnisch fremden Polizisten bieten.

5.2.1.2 Die Position des Token – Überanpassung und Ablehnung von Besonderung

Besondere Anpassungsleistungen von Minderheitenmitgliedern können sich insbesondere aufgrund ihrer Einzelstellungen in Organisationen ergeben. Der Begriff des Token (KANTER 1978, BLOM 2005a, 2005b benutzt äquivalent den Begriff des Solo) umfasst in diesem Zusammenhang Mitglieder von Minderheitengruppen, die sich innerhalb von Mehrheitsgruppen bewegen. Mit Bezug darauf definiert KANTER sog. *skewed groups*[142]: Hier bewegen sich Minderheiten in einer Umgebung, in der hegemoniale Verhaltensregeln von der Mehrheit beeinflusst und verteidigt werden (BLOM 2005b nach KANTER 1978). Tokens stehen in der Fremdwahrnehmung der bestimmenden Mehrheitsgruppenmitglieder symbolisch überwiegend für Vertreter ihrer jeweiligen sozialen (Herkunfts-)Gruppe. Sie sind deshalb häufiger mit stereotypen Vorurteilen konfrontiert, während ihre individuellen Attribute in den Hintergrund der Wahrnehmung geraten. Diese für Minderheiten problematische Gruppenzusammensetzung kann sich jedoch relativ schnell ändern. Frauen z.B. bewegten sich in der Polizei noch in den 1990er Jahren in *skewed groups*, heute bilden sie aber keine Minderheit mehr, auch wenn sie immer noch unterrepräsentiert sind (*titled groups*). Die Auswirkungen des Token-Effektes könnten Hinweise für mögliche Überanpassungstendenzen von Minderheitsgruppenmitgliedern geben. Probleme, die mit der Position des Token einhergehen, beziehen sich vornehmlich auf ihre symbolisch-stereotype Fremdwahrnehmung durch Angehörige der Mehrheit. Eine grundlegende Schwierigkeit stellt in diesem Zusammenhang der Druck zur Bewältigung polarisierter Erwartungshaltungen dar. Zum einen sind Tokens nicht selten mit niedrigen Erwartungshaltungen konfrontiert (s. Kapitel 5.2.1.1), die das Selbstbild negativ prägen können. Zum anderen vermögen hohe Erwartungen zu besonderen Leistungszwängen zu führen. Letzteres hängt unter Umständen mit einer intensiveren Beobachtung und Bewertung von erbrachten Leistungen zusammen (BLOM 2005a, 2005b). Zu vermuten ist, dass sich Minderheiten tendenziell bemühen, negativen Erwartungshaltungen entgegenzuwirken, um Zweifler von ihrem Können zu überzeugen und unrealistische Vorstellungen zu bestätigen. Ergebnisse von BLOM (2005b) weisen darauf hin, dass Polizisten mit Migrationshintergrund emotional dazu neigen, sich unter Beweis stellen zu müssen.

---

[142] Kanter (1978) unterscheidet je nach Relation der Mehrheit und Minderheit zueinander insgesamt vier Arten von Gruppen: *uniform groups* (100:0), *skewed groups* (85:15), *titled groups* (65:35) *und balanced groups* (50:50) (EBD., nach Blom 2005b).

„...Wo man dann sagt, ich bin das nicht [Personen mit türkischem Migrationshintergrund, die durch die Presse ein Negativimage erfahren, Anm. d. Verf.], *ich mach doch alles. Ich habe mir doch Mühe gegeben, ich habe doch Abitur gemacht, in der Ausbildung habe ich super Kontakte, ich bin... ich habe doch alles gemacht. Und trotzdem gibt es Leute, die ... (unverständlich)... wo man sagt, ich tue doch alles. Wenn ich jetzt abzocken würde und sage, ne, da komme ich nicht mit, da mache ich nicht mit, mit den Leuten will ich eh nichts zu tun haben, ich will nur mit den Türken zusammenhocken. Wenn ich das machen würde, würde ich sagen, okay. Aber ich mache doch alles, wieso ist die Akzeptanz immer noch nicht da?“*[143]

Anhand dieses Beispiels wird deutlich, wie angestrengt der Beamte mit türkischem Hintergrund darum besorgt ist, sich in der Gruppe normal zu bewegen, um nicht als Stellvertreter einer mit Stereotypen behafteten Gruppe betrachtet zu werden. FRANZKE (1999) stellt in diesem Zusammenhang fest: „Polizisten ausländischer Herkunft sind zumeist sehr um Anpassung und Unauffälligkeit bemüht“ (EBD., S. 383). Assimilation ist für KANTER (1978, nach BLOM 2005b) ein besonderer Mechanismus der Position des Token. Dazu definiert er die stereotypen Erwartungen, die durch stereotype Einordnungen des Verhaltens der Token entstehen, als Motivationsquelle für einen erhöhten Druck, Ansprüche erfüllen zu wollen. Es kommt so zur Rollenvereinnahmung über Assimilation, um gegen stereotype Rollenerwartungen anzukämpfen. Anknüpfungspunkte finden sich hierzu bei FRANZKE (1999), die Assimilationsanstrengungen u.a. mit der Angst vor einer Reaktivierung von Vorurteilen begründet. Migranten, welche in ihrer alltäglichen Lebensordnung stärker von gesellschaftlichen oder gruppeninternen Normen abweichen, d.h. stärker auf herkunftsbezogene Traditionen ausgerichtet sind, sind während ihrer Sozialisation meistens häufiger mit negativ konnotierten Fremdheitserfahrungen konfrontiert. Diese fühlen sich dann auch tendenziell seltener vollständig akzeptiert und unternehmen deshalb größere Anpassungsanstrengungen. Für den Beamten mit türkischem Migrationshintergrund im obigen Beispiel drückt sich fehlende Akzeptanz seiner Person durch die Verwendung stereotyper Begrifflichkeiten von einheimischen Kollegen in Bezug auf die ihm zugehörige ethnische Gruppe aus. Derartige Fremdheitserfahrungen können verschiedene Umgangsstrategien nach sich ziehen. Einerseits neigen manche MH-Beamte zu interaktiv-reaktiven Vorgehensweisen, indem sie sich mit denen, die ihnen als negativ empfundene Bemerkungen entgegenbringen, aktiv auseinandersetzen. Bei dieser Strategie ist für den Erfolg entscheidend, ob der Betroffene mit einer selbstbewussten Haltung für seinen Hintergrund einsteht oder ihn aus einem Rechtfertigungsdruck heraus kommuniziert. Letzteres kann u.U. zur Konfliktverschärfung führen, indem der Eindruck entsteht, die ethnische Herkunftsgruppe mit allen Mitteln verteidigen zu wollen.

---

143 Kommissaranwärter mit türkischem Hintergrund.

„... denn wenn dann ein MH-Kollege entsprechend reagiert und sagt, du also, so bitte nicht, über meine Landsleute z.B. nicht so reden, dann stößt er auf Unverständnis."[144]

Aus Sorge mit Fremdheitswahrnehmungen konfrontiert zu werden, kann es entweder auch zur Vorwegnahme der eigenen Lebensorientierung kommen, um Nichtfremdheit zu demonstrieren, oder aber auch zur Aufgabe (bzw. Verleugnung) der fremden (Teil-) Identität (vgl. zum letzten Punkt auch Kapitel 3.2).

„Haben Sie den Eindruck, dass sie von den Kollegen hier anders behandelt werden, dass sie in Ihnen sozusagen den türkischen Kollegen sehen?

Mmmmh, ja (kurzes Zögern), das ist auch immer so ein Problem. Ich hab' seit kleinauf immer so ne Macke, ich muss, ich versuch mich immer zu rechtfertigen, dass ich nicht so gut bin wie andere denken. Immer, das ist aber ganz unbewusst, immer, wenn mich jemand fragt, ob ich, ob ich Türke bin, wenn ich jetzt jemand kennen lerne, dann versuch ich immer gleich schon zu erzählen: „Ja, wir essen Schweinefleisch, ich hab' ne Moschee noch nie von innen gesehen und, und, und."[145]

Befürchtungen einer schlechten Behandlung und negativer Reaktionen machen sich auch in der Ablehnung von Besonderung bemerkbar (vgl. u.a. BLOM 2005b). Viele Migranten wollen gerade deshalb innerhalb der Polizei unauffällig sein und „fühlen sich, im Gegensatz zu den einheimischen Kollegen, ständig aufgefordert, ihre Normalität unter Beweis zu stellen" (BEHR 2006, S. 132), da mit der Position des Token[146] auch dauernd die Gefahr der Unterstellung verbunden ist, nur aufgrund positiver Diskriminierung eingestellt worden zu sein (vgl. Kapitel 2.1.3). Normalität soll dabei auch im Verhalten der Kollegen Bestätigung finden, indem Neutralität gewahrt bleibt und Reaktionen seitens der Kollegen nicht auf den Migrationshintergrund zurückzuführen sind.

„Also so gesehen denke ich mal nicht, dass man mir da, dass man da Probleme damit hat, dass ich nen ausländischen Hintergrund habe. Die Frage wäre jetzt, äh, ob man das bevorzugen würde...
Ja, ja, mmmh – hatten Sie den Eindruck?

Den Eindruck hatte ich auch noch nicht! Als ich in der Hundertschaft war, hat man mich nicht mit'm Hintern angeguckt und mir das Leben auch schwer gemacht da,

---

[144] Zugführerin einer Einsatzhundertschaft.

[145] Kommissaranwärter mit türkischem Hintergrund.

[146] Nach HEWSTONE (1989) zeichnet sich die Position des Token neben der Position des Solo dadurch aus, dass Intergruppenattributionen insbesondere aufgrund des Verdachts der positiven Diskriminierung negativ konnotiert sein können (EBD. nach BLOM 2005a).

aber wegen anderer Sachen, weil ich mit'm Chef nicht gut konnte. Also ich hab' weder das Negative noch das Positive äh wahrgenommen. Im Gegenteil, ich würd' sogar ziemlich fuchsig werden, wenn einer behaupten würde, dass ich jetzt Stellvertreterin bin oder so gefördert worden bin, nur weil meine Mutter aus Korea kommt."[147]

Schließlich verdeutlicht sich die Ablehnung von Besonderung und der Wunsch nach Unauffälligkeit auch in der Missbilligung von ethnischen Zusammenschlüssen. Die Interviewteilnehmer wurden z.B. auch danach gefragt, ob sie sich ähnliche herkunftsspezifische Verbünde und Angebote für Polizeibeamten vorstellen könnten oder wünschen würden, wie sie sich in den letzten Jahren in Großbritannien etabliert haben (vgl. u.a. HOLDAWAY/O'NEILL 2004). Alle Befragten lehnen dies ab, weil sie sich entweder selbst nicht als „anders" wahrnehmen oder die Reaktionen der einheimischen Kollegen befürchten.

„Aber wenn man so Gleichgesinnte sucht und die dann gefunden hat, ich weiß nicht, ob das von Vorteil ist. Von außen, wie das dann ankommt, wenn es heißt, da gibt's, da gibt's so ne Gruppe mit farbigen Polizisten oder da gibt's jetzt schon in Deutschland schon so ne Gruppe mit solchen Polizisten, ja da können sie sich ja über uns ablästern oder was auch immer, ich weiß es nicht, ich halt nichts davon."

„Weil, wenn einer meiner Kollegen aus der Dienstgruppe mitbekommen würde, dass ich in so ner, ne, in so ner abgekapselten Gesellschaft mich aufhalte, ja wie sieht das denn aus? Was denken die dann von mir?"

„Würde ich für falsch halten. Integration heißt doch nicht, dass ich mich wieder ausschließe. Aus der Gesellschaft oder aus der Gruppe. Sobald ich meinen eigenen Verein aufmache, bin ich ja nicht mehr Teil des großen Vereins."

Der Zusammenschluss mit „Gleichgesinnten" gilt für die Befragten als möglicher Nährboden für negative Stereotypisierungen und Bemerkungen durch die Mehrheitsgruppenmitglieder. In ihm wird die Gefahr gesehen, ethnische Zugehörigkeiten für andere sichtbarer zu gestalten und so kollektive Zuschreibungsmerkmale zu provozieren. Es besteht ein offenbarer Wille, zur in-group zu gehören, der alle Anknüpfungspunkte versucht zu vermeiden, die dazu führen könnten, aus dieser Gruppe ausgeschlossen zu werden.
Die Effekte der Position des Token können im Rahmen der vorliegenden Analyse nur bedingt für Migranten in der deutschen Polizei konstatiert werden. Die Bedeutung der Position des Token hängt nicht unwesentlich von Statusvariablen ab. Nur Tokens in niedrigen Statuspositionen befinden sich gegenüber Mehrheitsgruppenmitgliedern in einer benachteiligten Position (BLOM 2005b). Einfluss hat zudem die Akzeptanz der bereits anwesenden Mitglieder ethnischer

[147] Kommissaranwärter mit türkischem Hintergrund.

Minderheiten. Für eine gute interkulturelle Zusammenarbeit sind Statusgleichheit, gemeinsame Ziele, Intimität und Gleichheit fördernde Normen wichtig. Die einheitliche Ausbildung, die „Einheitslaufbahn“, das hohe von allen gleichermaßen geforderte Bildungsniveau, der moralische Charakter von Polizeiarbeit sowie die intensive Förderung von Gemeinschaftlichkeit, deren normativer Rahmen die Prämissen der Polizistenkultur darstellen, scheinen Status(Unterschiede) tendenziell eher zu nivellieren als hervorzuheben. Außerdem erwecken die bisherigen Ergebnisse den Eindruck, dass die „gemeinsame Kategorisierung nach dem Muster „Wir-Polizisten“ meist [...]“ gelingt, denn die Zuschreibung und Identifizierung der Polizistenrolle durch die Beobachter und Rollenträger wirkt in erster Linie hegemonial und verdrängt ethnische Merkmale in den Hintergrund, welche die Möglichkeit zur Stereotypisierung bieten. Ein Aspekt des Token-Effektes besitzt in Bezug auf das vorliegende empirische Material jedoch besondere Relevanz: „Dissonante Erfahrungen mit Tokens werden von der Mehrheit mit den sekundären Merkmalen [Merkmale ethnischer Zugehörigkeit, Anm. d. Verf.] in Zusammenhang gebracht“ (BLOM 2005b, S. 70). Dies ist dann der Fall, wenn ethnisch-kulturell abhängige Habitusformen als Abweichungen vom Selbstverständlichen der *Cop Culture* wahrgenommen werden (vgl. Kapitel 5.2.1.1). In der Berufspraxis nehmen diese dissonanten Erfahrungen eine eher geringere Bedeutung ein. Fremdwahrnehmungen seitens der Mehrheitsgruppenmitglieder entstehen in größerem Maße in halbprivaten Situationen, also in der Kantine, im Waschraum, beim „Feierabendbier“ etc. Die schwierige Situation der Tokens verdeutlicht sich damit vornehmlich in Sprüchen und Witzen, die in der Folge der Irritationen durch gesteigerte Fremdwahrnehmungen kommuniziert werden.

5.2.2 Irritationen und Störungen in halbprivaten Situationen

Gesteigerte Fremdwahrnehmungen kommen vornehmlich in sog. „halbprivaten Situationen“ im Rahmen der polizeilichen Dienstausübung vor. Dies sind Situationen, die sich von rein berufsbezogenen Handlungen unterscheiden. Sie können als halbprivat definiert werden, da sie im Kontext der Berufsausübung stehen, nicht aber über Berufskultur determiniert sind. Das sind insbesondere Zusammentreffen innerhalb der Dienstzeit und außerhalb von Einsätzen, wie z.B. im Pausenraum, in der Kantine, aber auch vor und nach dem Dienst. „Halbprivat“ sind also Ereignisse, in denen man den „Kollegen und Kolleginnen“ begegnet, sich aber nicht in der kulturellen Rahmung einer Diensthandlung befindet“ (HUNOLD/BEHR 2007, S. 31). Während bei der Dienstausübung scheinbar die Grundprämissen der polizeilichen Gemeinschaft und normativen Orientierungen der Polizeipraxis die Wahrnehmung der Kollegen dominieren, können in halbprivaten Situationen individuelle Lebensorientierungen der Einzelnen in den Vordergrund rücken.

*„Zu dem ersten (*Teilsatz[148]; Anm. d. Verf.*) ich vergleiche das mal so, dass z.B. auf dem Streifenwagen, da kennt man sich, weil man sich aufeinander verlassen muss. Bei dem zweiten sind vielleicht die Sachen, keine Ahnung, wenn man Sport gemacht hat und gemeinsam duscht, dass vielleicht der Mann seine Unterhose anlässt oder an einem Tisch sitzen alle, bestellen sich Currywurst, nur der eine nicht oder die eine nicht. Da ist er vielleicht fremd".*[149]

Im Gegensatz zu Vertrauen stiftenden, symbolträchtigen Orten und Situationen der gemeinschaftlichen Dienstausübung, beschreiben die erwähnten Erfahrungen sicher geglaubte Alltagssituationen, in denen MH-Beamte (hier mit muslimischem Hintergrund) fremd wirken können, da sie sich anders verhalten als von der Mehrheit erwartet. Es kommt zu Irritationen auf Seiten der Mehrheitsmitglieder, die HALLSON (1996) als persönliches Bedrohungsgefühl beschreibt. Innerhalb des beschriebenen Wahrnehmungsprozesses entwickelt sich eine Spannung, die eine Rückbestätigung und Sicherung der eigenen Identität erfordert, indem eine Zuordnung des Anderen zur „Andersartigkeit" stattfindet. Dies kann auf verschiedene Art und Weise passieren, jedoch ist damit immer eine unterschiedlich stark ausgeprägte Negativstigmatisierung des Anderen verbunden. Ausdruck kann dies sowohl in offenen als auch subtilen ethnisierenden Bemerkungen finden, die den Irritierenden als Bedrohung oder Grenzmarkierung in die Gemeinschaft einschließen und gleichzeitig aus der Gemeinschaft exkludieren (EBD. 1996). Strategien, die hierzu im polizeilichen Kontext Bedeutung erlangen, beziehen sich auf Witze und humoristische Bemerkungen, die das von der Selbstverständlichkeit abweichende Verhalten thematisieren.
Eine makrosoziologische Erklärung für die Verwendung von ethnisch gefärbten Witzen bietet DAVIES (1982), indem er sie als Reflektion konkurrierender moralischer Werte, unsicherer sozialer Grenzen und Strukturen unpersönlicher Macht moderner westlicher Gesellschaften charakterisiert. Dabei bleibt es ganz gleich, an wen ethnische Witze adressiert sind oder inwieweit sie positive oder negative Aspekte einer Person oder Gruppe behandeln. Ihr gemeinsames Charakteristikum ist die Thematisierung marginalisierter Gruppen, welche eine uneindeutige Position an der Peripherie der Gesellschaft einnehmen, in der die Witze erzählt werden. Witze bestärken in diesem Kontext Zugehörigkeiten (in-group vs. out-group) und klären die Position der randständigen Gruppen, vermitteln also infolge der Verortung von sozialen Grenzen ein Mehr an sozialer Sicherheit.
In beruflichen Kontexten ist Humor u.a. als symbolische Ressource charakterisierbar, mittels derer soziale Bedeutungen konstruiert werden. Vor diesem Hintergrund spezifizieren POGREBIN/POOLE (1988) für den polizeilichen Kontext generell drei verschiedene Funktionen von Scherzen: 1. Überprüfbarkeit von Einstellungen und Meinungen in einer unbedrohlichen Weise; Grenzen und Normen

---

[148] Gesprächsimpuls zur Gruppendiskussion: *Es gibt Situationen, in denen ein MH-Beamter einer von uns ist und es gibt Situationen, in denen er auf Unverständnis stößt.*

[149] Streifenpolizistin mit türkischem Hintergrund.

der Berufskultur finden hierüber Verdeutlichung, 2. Coping-Strategie: Hilft Krisen des mit antizipierten Gefahren überlagerten Polizeialltags zu überwinden und mit Umständen außerhalb der persönlichen Kontrolle umzugehen, 3. Solidarität: Intensivierung von Beziehungen durch Abbau von Spannungen, welche in der alltäglichen Berufsausübung entstanden sind. WADDINGTON (1999) betont jedoch, dass die Verwendung von Witzen im halbprivaten innerpolizeilichen Kontext keine Orientierungsfunktion für Handlungen erfüllt, sondern lediglich eine „Reparaturfunktion" der Polizistenkultur darstellt, die zur Aufrechterhaltung der Gemeinschaftlichkeit beiträgt.
Auch speziell die Verwendung von scherzhaften Bemerkungen mit direkter oder indirekter ethnischer Konnotation unter Polizeikollegen betrachtet HOLDAWAY (1991) nicht nur als Mechanismus zu kulturellen Grenzmarkierungen und Rückbestätigungen, sondern als festen Bestandteil von Polizistenkultur, der diese konstituiert und aufrechterhält. Unterstellt man diese Wirkung von ethnischen humoristischen Bemerkungen, müsste man außerdem davon ausgehen, dass *Cop Culture* ethnozentrisch funktioniert und „allen Personen, die Fremdheitsmerkmale aufweisen, mit Vorbehalten" begegnen würde (BEHR 2006, S. 40). Vielmehr ist Polizistenkultur nach den bisherigen Ausführungen jedoch als Homogenitäts- oder Dominanzkultur zu definieren, deren Mehrheitsmitglieder vermutlich nicht nur ethnischer Fremdheit, sondern allen vom polizeikulturellen Standard Abweichenden mit subtilen Grenzmarkierungen in Form von Witzen begegnen.
BLOM (2005b) bezeichnet konfrontierende scherzhafte Bemerkungen als subtile Vorurteilsäußerung (*subtle prejudice*), deren Subtilität dadurch gekennzeichnet ist, dass es sich um keine manifesten Äußerungen von Benachteiligung oder Diskriminierung handelt. Vielmehr funktionieren scherzhafte Kommentare, die als weitestgehend unreflektierte Wertung auf ethnisch spezifische Ausdrucksformen beziehen, als sicheres und harmloses Mittel, um Gefühle der normativen Grenzüberschreitung und der eigenen Überlegenheit zu zeigen.
Demgegenüber werden Witze und vorurteilsgeladene Sprüche von Polizisten mit Migrationshintergrund im Regelfall selten persönlich genommen (vgl. u.a. FRANZKE 1999, BLOM 2005a, 2005b, HOLDAWAY 1991, 1996). Meistens findet eine Rationalisierung von ethnischen Witzen statt, mittels derer ihre mögliche negative Konnotation stark relativiert wird. Im Kontext der Gemeinschaft der *Cop Culture* betrachten MH-Beamte die Bemerkungen ihrer Kollegen eher als kumpelhaftes Spiel anstatt als Möglichkeit des Ausdrucks vorurteilsbehafteter Einstellungen. Dabei ist entscheidend, welche soziale Beziehung zum scherzenden Kollegen besteht.

„Also, ich geh damit eigentlich immer recht locker um, ähm und meine Freunde ziehen mich auch damit auf, dass ich diesen Hintergrund habe, ich weiß nicht so irgendwas mit Sushi, oder dass ich immer Reis zum Frühstück esse, oder so was, aber das ist auch ne spaßige Sache. Ähm, ich bin ziemlich sicher, dass die Kollegen,

die mich nicht mögen, da auf ne negative Art und Weise drüber sprechen, hinter meinem Rücken."[150]

Der Interviewteilnehmer unterscheidet Kollegen hier nach unterschiedlichen Absichten. Während den Witzen befreundeter Polizisten eher scherzhafte oder neckische Intentionen zugesprochen werden, werden mögliche Negativäußerungen von weniger sympathisierenden Kollegen ernst genommen. Diese werden jedoch nicht als spezifische Konsequenz des Migrationshintergrundes betrachtet, sondern als generelle Möglichkeit der Ablehnung von Besonderheiten.

„... also bei einem deutschen Kollegen würde man über seine Käsefüße abziehen, oder ich weiß es nicht, das ist halt immer gerade das, was so hervorsticht."[151]

Grundsätzlich differenzieren MH-Beamte zwischen scherzhaft gemeinten ethnischen Kommentaren und rassistischen Äußerungen, denen sie mit weniger Wohlwollen begegnen und welche sie auch teilweise auf formalisiertem Wege sanktionieren würden (siehe auch HOLDAWAY 1991).

„Wenn einer mich wirklich ernsthaft da jetzt als Schlitzauge bezeichnen würde, also jetzt auf eine böse Art und Weise, dann würde ich aber auch eiskalt ne Beschwerde schreiben über den."[152]

Anhand der Reaktionen von Polizisten mit Migrationshintergrund auf die Witze von Kollegen lassen sich verschiedene Coping-Strategien identifizieren. Eine Umgangsform mit ethnisch geprägten humoristischen Bemerkungen, welche sich für das vorliegende empirische Material nicht feststellen lässt, hat HOLDAWAY (1991) herausgearbeitet. So tendierte ein Drittel seiner Interviewteilnehmer aus Angst vor eventuellen Benachteiligungen dazu, Witze der Kollegen wortlos zu akzeptieren. Motivation hierzu gab in den meisten Fällen die Befürchtung, Reaktionen könnten nachhaltige Auswirkungen auf Akzeptanz und Beförderungsmöglichkeiten haben. Unter dem Motto ‚Angriff ist die beste Verteidigung' lassen sich aktive Coping-Strategien differenzieren. Zum einen lachen MH-Beamte selbst über gemachte Scherze oder kontern mit einem Witz, zum anderen verteidigen sie ihre ethnische Zugehörigkeit und/oder Gruppe. Die erstgenannte Strategie gilt dabei als die angemessenere und akzeptanzfördernde Reaktionsmöglichkeit (vgl. auch BLOM 2005b, HOLDAWAY 1991), was sich im Folgenden insbesondere an Beispielen verdeutlicht, welche Umgangsformen von Frauen und Ostdeutschen mit Sprüchen und Witzen thematisieren.

---

[150] Kommissaranwärter mit koreanischem Hintergrund.

[151] EBD.

[152] EBD.

„Da gibt es Kolleginnen, die bei den Kollegen auch sofort super ankommen, wenn die dann mitziehen und genauso diese Späße machen und sobald ne Frau sagt „Das ist aber n bisschen unter der Gürtellinie, das möchte ich mir nicht anhören" dann wird die aber auch dann, also ich will jetzt nicht sagen, rausgemobbt, aber sie ist dann unten durch, ne. [...] aber die ist absolut auch jemand, der sich wirklich gar nichts sagen lässt und der total trocken ist und jedes gleich persönlich nimmt, usw. Also es gibt Frauen, die damit eher locker umgehen, egal, ob es sich gegen ihre Person oder Frauen allgemein richtet oder mit der Gossensprache oder was auch immer, die haben's sicherlich leicht und die kommen auch irgendwie bei den Kollegen an und die Frauen, die sich da schwer mit tun, die haben's schwerer, egal ob es sich persönlich gegen sie richtet oder gegen was anderes."[153]

„Jedesmal, wenn er dann mal was vergleicht mit Ost und West, dann fühlen die sich gleich angepisst hier (zeigt auf die Sitzplätze der „Ossis"), obwohl es vielleicht in dem Moment gar nicht so war. Das sind die schon selber Schuld dran, dass es manchmal so ist!"[154]

„„... das ist schon ein Spaß im Leben, da muss man halt mit um, ich kann auch einstecken und ich kann auch verteilen. Da muss man halt ein bisschen klar mit kommen."[155]

Grundsätzliche Akzeptanz von Bemerkungen, welche die eigene Zugehörigkeit zu einer sozialen Gruppe negativ konnotieren, sowie schlagfertige Reaktionen, welche Toleranz beweisen, also keine ernsthaften Moralisierungen des Themas enthalten, besitzen grundlegende Bedeutung bei Entscheidungen über informelle Zugehörigkeit und Nichtzugehörigkeit in der Gruppe. „Jokes can function to demonstrate the acceptance of an officer by his peer group" (HOLDAWAY 1991, S. 162). REINER identifiziert in diesem Zusammenhang Humor generell (also nicht mit einer spezifischen sozialen Ausprägung) als zentralen Bestandteil von Polizistenkultur, dessen Annahme und Anwendung dazu gehören, um den Job des Polizisten zu erfüllen. „If you cant't take a joke you shouldn't have joined this job" (EBD, S. 90). Dementsprechend können Polizisten mit Migrationshintergrund die Konfrontation mit Witzen und Sprüchen als Test empfinden, wie viel sie vertragen können. Witze der Kollegen werden somit zur Unausweichlichkeit rationalisiert, wenn man dazugehören will (HOLDAWAY 1991). Aspekte der Solidaritätsförderung (s.o.) bekommen in diesem Zusammenhang Bedeutung, indem das gemeinsame Lachen als soziale Orientierung funktionieren kann und scherzhafte Interaktionen ein Gefühl des Verstehens generieren. POGREBIN/POOLE (1988) bezeichnen innerpolizeilichen Humor vor diesem Hintergrund als strategisches Verhalten to

[153] EBD.

[154] Kommissaranwärter mit türkischem Hintergrund.

[155] Streifenpolizist mit türkischem Hintergrund.

„ensure the integrity of their occupational work group" (POGREBIN/POOLE 1988, S. 184).
Die grundsätzliche Akzeptanz von ethnisch negativ gefärbten Witzen scheint ein besonderes Charakteristikum von Tokens zu sein (BLOM 2005b). Gründe hierfür sind hauptsächlich in der Antizipation von Rassismuserfahrungen zu sehen.

„Die reagieren heftiger als, also die Ossis sagen schneller, dass sie sich schlecht behandelt fühlen, als dass jetzt z.B. Sie sagen würden, sie können damit besser umgehen?

Genau!

Glauben Sie dass das an der Persönlichkeit liegt? Oder ist da was, gibt's da was, das er stärker gegen diese Gruppe hämmert?

Das ist, genau, das macht er, denk ich, auch, aber das liegt vielleicht an der Überzahl der Ossis. Ich weiß nicht, was wäre, wenn wir vier Türken, in Anführungsstrichen Türken, hier in der Klasse hätten. [...] Also bei den Ossis gibt es mehr Probleme als bei den Ausländern. Vielleicht auch deswegen, entweder, weil's mehr Spaß macht Ossis zu ärgern, oder weil sie einfach vor den Konsequenzen nicht so viel Angst haben müssen. Ja, Rechtsextremismus – hab ich jetzt ein Referat drüber gehalten, is schon, ist, ist sensibleres Thema, als, als wenn man seine eigenen Ossis ärgert. Da gibt's da, weil's die Konsequenzen nicht gibt."[156]

Zum einen dient die Nicht-Solo-Position und der damit verbundene stärkere Rückhalt der ethnisch zugehörigen Gruppe als Erklärung dafür, warum Mitglieder einer Gruppe „es sich leisten" können, gegen sie gerichtete Kommentare und Scherze zu problematisieren. Zum anderen wird die Anwendung aktiver, moralisierender Abwehrstrategien damit nachvollzogen, dass die betreffende Gruppe keine Rassismuserfahrungen als negative Reaktion (Sanktion) zu befürchten hat. Dies gibt möglicherweise einen Hinweis darauf, dass antizipierte Rassismuserfahrungen MH-Beamte, stärker als Mitglieder anderer sozialer Gruppen, potentiell beleidigende Witze rational neutralisieren lassen. Andererseits sind Polizisten mit Migrationshintergrund vermutlich auch aufgrund der Befürchtung von Kollegen als rassistisch wahrgenommen zu werden, insgesamt weniger häufig von scherzhaften Bemerkungen betroffen als Gruppen ohne fremdländischen Hintergrund, da Letzteren Witze mit mehr Unbefangenheit erzählt werden können. Dabei sind ethnisch geprägte Witze von MH-Beamten u.U. sogar erwünscht, da sie zum einen als Ventilfunktion für latente Gefühle der Abneigung gegenüber Migranten gelten und zum anderen einen unbelasteten Umgang miteinander signalisieren. Mit dem Ausbleiben von Witzen kann sogar die Befürchtung aufkommen, „dass nicht alles, was gedacht wird, auch gesagt wird" (BLOM 2005b,

[156] Kommissaranwärter mit türkischem Hintergrund.

S. 240). Fragen nach Zugehörigkeit differenzierbarer qualitativer und quantitativer Ausmaße scherzhafter Interaktion sowie mögliche unterschiedliche Neutralisationstechniken sollten Gegenstand weiterführender Studien sein.
Trotz allgemein geäußerter persönlicher Unbetroffenheit sind Polizisten mit Migrationshintergrund durch die Verwendung von ethnisch konnotierten Witzen tendenziell mit Stereotypen und Vorurteilen konfrontiert. Neutralisierungs- und Rationalisierungstechniken sowie die nachvollzogenen Coping-Strategien der Befragten lassen vor diesem Hintergrund auf eine „starke Assimilation als Adaptionsstrategie“ (BLOM 2005b, S. 72) schließen. Anpassung an erwartete Verhaltensweisen während scherzhafter Interaktionen gilt als akzeptierte Strategie, Zugehörigkeit zur Gruppe zu demonstrieren. Damit verbunden ist die Befürchtung möglicher Rassismuserfahrungen, wenn Gegenreaktionen nicht den antizipierten Erwartungen entsprechen. MH-Beamte scheinen auch hiermit Konformität mit Prämissen der Polizistenkultur zu beweisen, die von Mitgliedern der Mehrheitsgruppe verteidigt werden. Infolgedessen wird sogar „objektiv fragwürdiges Verhalten [...] nicht als Fremden- oder Ausländerfeindlichkeit interpretiert“ (FRANZKE 1999, S. 383).

5.2.3 Bedingungen der Zugehörigkeit von Polizisten mit Migrationshintergrund im Kollegenkreis einer Mehrheitskultur – Ein Resümee

Cop Culture bildet die grundsätzliche Rahmung zur Bildung von Gemeinschaften, innerhalb derer nicht Herkunft und Ethnie über Zugehörigkeit entscheiden, sondern die Ausprägung der habituellen Orientierung am kulturell Selbstverständlichen. Polizisten mit Migrationshintergrund sind in ihrer Berufsrolle als Polizist generell akzeptiert und wirken in deren Ausübung unauffällig, solange sie Prämissen zur Aufrechterhaltung der Gefahrengemeinschaft akzeptieren, internalisieren und symbolisieren. Hegemoniale Kollegialität konstituiert sich vor diesem Hintergrund infolge reziproker Prozesse, durch die Wechselwirkung von Polizistenkultur, die von allen Mitgliedern gleichermaßen eine Anpassung an die herrschenden Regeln fordert sowie jeweilige individuelle Anpassungsleistungen an diese Regeln. Verfestigt ist diese vorherrschende Solidarität u.a. in Moral und Vertrauen, die durch universelle Standards getragen werden und Bestätigung finden. Auf der Ebene allgemeiner Symbolisierung der Polizistenrolle, beispielsweise in Form des Tragens der Uniform oder der Fahrt im Streifenwagen, ist jeder, der sich innerhalb dieser Symbolik bewegt, zuallererst in seiner Berufsausübung wahrgenommen und akzeptiert. Andere Kriterien, die eine Zuschreibung zu weiteren Bezugsgruppen ermöglichen, bleiben in diesem Kontext im Hintergrund von Wahrnehmungsprozessen. Darunter sind es verschiedene Anpassungsleistungen der Einzelnen, die Auswirkungen auf Akzeptanz und Wahrnehmung des beruflichen Habitus haben. Organisationsinterne Anpassung geht einher mit einer geringen Antizipation von Fremdheit, während Assimilationsleistungen vor Eintritt in die

Organisation Konstruktionen ethnischer Merkmale und Zugehörigkeiten abschwächen oder gar nivellieren. Sowohl geringe Antizipationen von Fremdheit als auch minimale Dimensionen der Konstruktion von Fremdheit können in der alltäglichen Berufsausübung zu Irritationen und Loyalitätszweifeln führen, wenn ethnisch-kulturell spezifische Fähigkeiten oder Merkmale punktuell im Vordergrund der Berufsausübung stehen. Grundsätzlich sind MH-Beamte auf dieser Ebene jedoch von kollektiven Zuschreibungsmerkmalen ausgeschlossen. Orientiert sich berufliches Verhalten an dem Erwartbaren, geraten lebensweltliche Orientierungen zunächst in den Hintergrund. Damit sind Polizistengemeinschaften jedoch nicht als „Oase" der Akzeptanz ethnischer Vielfalt und Andersartigkeit zu definieren, denn *Cop Culture* wirkt überspitzt konnotiert in erster Linie für alle gleichermaßen dominant. Diversität dagegen bildet eine unbeständige Variable im Prozess der Konstitution und Aufrechterhaltung von Gefahrengemeinschaften.
Darüber hinaus scheinen Effekte des Tokenism den Druck zu besonderen Anpassungsleistungen von Polizisten mit Migrationshintergrund zu erhöhen. Dies kann sich in Leistungszwängen, Antizipationen von Vorurteilen und der Ablehnung von Besonderung äußern. Besondere Relevanz scheinen als Konsequenz von Token-Effekten dissonante Erfahrungen zu besitzen, die mit ethnischen Merkmalen in Verbindung gebracht werden, wenn ethnisch-kulturell abhängige Habitusformen als Abweichung vom Selbstverständlichen interpretiert werden. Irritationen entstehen in diesem Zusammenhang vornehmlich in halbprivaten Situationen, die sich in ethnisch gefärbten scherzhaften Interaktionen entladen können. Sie sind neben anderen Aspekten von Polizistenkultur als Mechanismen zur Solidaritäts- und Identitätsförderung charakterisierbar. Insbesondere in diesem Kontext verdeutlichte sich in der vorliegenden Analyse ein gesteigerter Anpassungsdruck von MH-Beamten, da deren Coping-Strategien in Bezug auf subtil vorurteilsbehaftete scherzhafte Bemerkungen außerdem über Zugehörigkeit und Nichtzugehörigkeit zu entscheiden vermögen. Schließlich ist auch ihre Selbstwahrnehmung vornehmlich geprägt von der Berufsrolle des Polizisten. Sie fühlen sich generell zur Polizistengemeinschaft zugehörig und wollen dies auch sein. Im Ergebnis scheinen einige MH-Beamte, etwa diejenigen, die im Zuge ihrer Sozialisation bereits Erfahrungen mit Rassismus und Vorurteilen gemacht haben, etwas mehr als andere Zugehörigkeit zur Gruppe zu demonstrieren.
Sozialpsychologisch können die beschriebenen Entwicklungen in die Prozesse sozialer Identifizierung eingeordnet werden (TAJFEL 1982). In diesem Kontext ist anzunehmen, dass die Etikettierung anderer mit sozialen Identitäten die Basis für die Interpretation und Beurteilung von individuellen oder gruppenbezogenen Normen bilden. Wenn ethnisch Fremde in organisationsinternen Gruppen an Einfluss gewinnen, sind Interpretationen der Mitglieder der Mehrheitsgruppe dieser Veränderungen von sozialer Kategorisierung beeinflusst. Hierbei gewinnen Fragen an Bedeutung, die sich mit der Identifizierung von Individuen mit der Statusgruppe beschäftigen („Do individuals identify with organizational status groups?", LINDSLEY 1993, S. 193). Die Zuschreibung von Zugehörigkeiten, welche sich auf erwartete Charakteristika in Assoziation mit Gruppenzugehörigkeit beziehen, kann

dann als symbolische Negation individueller Identitäten und alternativer Gruppenidentitäten Betrachtung finden. Auch in Gruppen von *street cops* zeigen sich dementsprechend Tendenzen stereotyper Ein- und Ausgrenzungsprozesse, indem stereotypes Denken nach innen Kollegialität prägt und nach außen Nichtzugehörigkeit. Dabei wirken Berufsrollen handarbeitender Polizisten im Kontext sozialer Kategorisierungen erst einmal hegemonial.

6 Fazit

> *„A statement of policy is no more than […] a paper exercise"* (CHAN 1997, S. 166).

Tendenziell ist die Rekrutierungspolitik von Polizisten mit Migrationshintergrund in Deutschland als Assimilationspolitik zu interpretieren. Sie folgt den Gesetzmäßigkeiten einer ethnisch-assimilatorischen Integrationspolitik und ist insofern von einer Multikulturalisierungspolitik, welche kulturelle Identitäten berücksichtigt, zu unterscheiden (BLOM 2005b). Im Rahmen dieser Untersuchung konnten Diskrepanzen zwischen Politik und Praxis aufgezeigt werden, welche sowohl vor dem Hintergrund der Logiken symbolischer Politik, denkbar mit der Funktion moralisierender Legitimationspraktiken oder der „Zur-Schaustellung" einer „Lebensstilpolitik" (SOEFFNER/TÄNZLER 2002, S. 19) im Sinne multikultureller Gesellschaften, als auch im Zusammenhang mit der Position der kulturellen Dominanz von Organisationen erklärbar sind. Dabei unterscheiden sich Programmatik und Wirklichkeit nicht nur hinsichtlich Zielvorgaben und faktischem Ergebnis, sondern auch in formulierten integrationspolitischen Leitbildern und der Art der organisationspraktischen Umsetzung. „Politisch wird in der deutschen Polizei von „Integration" gesprochen, faktisch (und im soziologischen Sinne) wird aber Assimilation praktiziert" (HUNOLD/BEHR 2007, S. 35).
Als eine wesentliche Ursache für gering gebliebene Anteile von Polizisten mit Migrationshintergrund auf der Organisationsebene haben sich im Rahmen dieser Arbeit die Einstellungspraktiken der Länderpolizeien herausgestellt. Die Position der kulturellen Dominanz äußert sich in diesem Kontext in einem Druck zur Anpassung an hegemoniale Regeln für diejenigen, die Mitglieder der Organisation sein wollen. Dieser Zwang geht von allen Organisationen aus. Im Zusammenhang der Polizei entsteht das Erfordernis der Angleichung an universelle Standards der Organisation für Bewerber mit Migrationshintergrund (und auch für alle anderen Bewerber) zuallererst im Zuge der grundsätzlich dogmatischen Bezugnahme auf den Gleichheitsgrundsatz und die Bestenauslese, die zu einer formalen Gleichbehandlung aller Bewerber führt. Darunter wird im innerpolizeilichen Kontext verstanden, dass von Bewerbern mit Migrationshintergrund die gleichen Voraussetzungen erwartet werden, die von Einheimischen auch erfüllt sein müssen. Dadurch wird streng genommen keine Gleichbehandlung erreicht, denn die Gleichbehandlung Ungleicher produziert faktisch Ungleichheit, indem Unterschiede unberücksichtigt bleiben. Unterhalb der formalen Regelungsebene sind jedoch auch persönliche Ausgestaltungsspielräume zu beobachten. Diese orientieren sich in

erster Linie an einem Defizitansatz, indem die Verantwortung für die Kompensation möglicher struktureller Benachteiligungen von ethnischen Minderheiten selbstaffirmativ an MH-Bewerber delegiert wird. Formale Gleichbehandlung, ein bis jetzt noch geringes Bewusstsein im Hinblick auf die eigene Zuständigkeit für größere Rekrutierungserfolge sowie die grundsätzlich hohen leistungsbezogenen Anforderungen im Auswahlverfahren setzen eine nahezu vollständige Assimilation der migrantischen Bewerber als Bedingung zur Einstellung voraus. Die momentane Einstellungspraxis trägt so tendenziell zur Nivellierung von Vielfalt im Organisationskontext bei und steht sowohl einer funktionalistisch orientierten Zielsetzung, die den Einsatz kulturellen Spezialwissens voraussetzt, als auch einem Repräsentationsgedanken bezüglich der Bevölkerungszusammensetzung grundlegend entgegen. Vor diesem Hintergrund erscheint nicht ganz eindeutig, inwieweit eine signifikante Erhöhung des Migrantenanteils innerhalb der Polizei ein tatsächliches Ziel darstellt. Ein wesentlicher Unterschied besteht z.B. auch zu den Motiven zur Frauenförderung in der Polizei, denn der „Hauptgrund für die Einstellung von Schutzpolizistinnen waren Rekrutierungsschwierigkeiten" (TIELEMANN 1993, S. 18). Hier diente also eine veränderte Rekrutierungspolitik womöglich stärker dem Funktionserhalt der Organisation. Zu überprüfen bliebe in diesem Zusammenhang, inwiefern Polizisten mit Migrationshintergrund tatsächlich positive Effekte auf die Polizeiarbeit und die Akzeptanz der Organisation in der Bevölkerung haben und damit Forderungen zur Erhöhung ihres Anteils über eine mögliche symbolische Legitimierungsfunktion im Kontext zunehmend pluralisierter Gesellschaften hinausgehen.

Die Mechanismen zur Reduzierung von Vielfalt und Heterogenität im Kontext von Mitgliedschaftsentscheidungen haben auch Auswirkungen auf die Interaktionsebene gezeigt. Diskriminierungswahrscheinlichkeiten scheinen für Migranten, die den Zugang in die Organisation geschafft haben, gerade deshalb geringer zu sein, weil sie aufgrund ihrer Akkulturationsleistungen vor Eintritt in die Organisation und ihrer Assimilationsfähigkeit im Organisationskontext ihren einheimischen Kollegen in wesentlichen Bereichen ähneln. Damit bedienen sie auch Mechanismen, die zur Aufrechterhaltung der Hegemonialität von Berufsrolle und Kollegialität beitragen. Die bereits an der Peripherie einsetzende Nivellierung von Vielfalt setzt sich auf diese Weise im weiteren Mitgliedschaftsverlauf fort. Polizisten mit Migrationshintergrund orientieren sich, wie andere Mitglieder von Minderheitengruppen auch (z.B. Frauen, vgl. u.a. BEHR 2000, 2006), im Wesentlichen an der Mehrheitskultur von Polizistengemeinschaften. Vor allem in der Position des Token scheint die Gefahr eines überhöhten Anpassungsdruckes und tatsächlicher Überanpassungsleistungen zu bestehen, um als „one of us" akzeptiert zu sein. Die sich daraus ergebende, geringe quantitative und qualitative Relevanz von Konflikten innerhalb der Organisation hält den Druck für einen Organisations(-kultur)wandel relativ gering. Soll die Erhöhung des Anteils an Migranten in der Polizei über eine politische Zielformulierung hinausgehen, können Veränderungen auf der Organisationsebene jedoch nicht ausbleiben. Hierfür wäre zunächst eine Überprüfung der Leitmotive für die Einstellung von Migranten denkbar. Eine

Überbetonung des funktionalistischen Ansatzes erfüllt nicht die Anforderungen und Ziele von Integration im Sinne eines kulturell vielfältigen Personalaufbaus. Vielmehr geht es hierbei um eine an dem Bedarfsfall orientierte Abschöpfung kulturspezifischen Spezialwissens, im „normalen" Polizeialltag scheint allerdings eher kulturelle „Unauffälligkeit" erwünscht zu sein (vgl. auch BLOM 2005a, 2005b). Dementsprechend gibt es auch keine Diskussionen über die Nutzbarmachung einer kulturell divers zusammengesetzten Polizei, wie sie z.B. in privaten Unternehmen vorherrscht. Eine langfristige und nachhaltig wirkende Personal- und Organisationsentwicklungspolitik könnte dies zum Thema machen. „Dafür muss der Begriff und der Ursprungsgedanke von *Personalentwicklung* ernst genommen und ausbuchstabiert werden" (HUNOLD/BEHR 2007, S. 48, Hervorhebung im Original), wozu auch die gezielte Planung, Realisierung und Evaluierung von Veränderungsprozessen gehört. Das setzt wiederum die Präzisierung von verbindlichen Zielen voraus, um konkrete Effekte erzielen zu können, die bloße Festlegung einer Quote reicht dazu nicht aus (CHAN 1997). HOLDAWAY (1996) spricht in diesem Zusammenhang von einer Politik der Chancengleichheit als „promotion within a work-force of diversity as a good in itself" (EBD., S. 191). Dazu gehört seiner Meinung nach auch der Einsatz positiver Entscheidungen, welche er von positiver Diskriminierung unterscheidet. Demnach sind Nutznießer von jenen zu differenzieren, denen ein Vorteil oder eine Unterstützung zuteil kommt. Wenn der Grund für einen Vorteil einen Nutzen hat und der Adressat nur entsprechend seinem Nutzen, Erfordernis und Verdienst ausgewählt wird, ist dies als positive Maßnahme zu werten. Wenn Bewerber allerdings nur aufgrund der Kriterien Ethnie, Geschlecht, Alter oder Wohnort ausgewählt werden, kann dies als positive Diskriminierung charakterisiert werden. Eine exklusive und allgemein akzeptierte Politik der Chancengleichheit gibt es allerdings nicht und jede Maßnahme wird Fragen der Gerechtigkeit und Fairness nach sich ziehen. Die Akzeptanz und der Erfolg hängen letztendlich von der Prioritätensetzung, der Verbindlichkeit sowie der öffentlichen und innerpolizeilichen Aufklärung ab. Sollten sich Erfolge in einer tatsächlichen Erhöhung der Anteile von Polizisten mit Migrationshintergrund in der Polizei niederschlagen, wären gleichzeitig Angebote und Maßnahmen innerhalb der Organisation notwendig, welche die Veränderungen für das Personal handhabbarer machen (z.B. geschulte Ansprechpartner oder qualifizierte interkulturelle Kompetenzschulungen), um Diskriminierungspraktiken, wie sie für die Niederlande oder Großbritannien nachvollzogen wurden, gering zu halten.

Alle Organisationen sind innovationsfähig, Veränderungen einer Organisationskultur, insbesondere einer stark formalisierten, brauchen jedoch Zeit und den (im Idealfall: gemeinsamen) Willen zur Reform. Die Anfänge in der deutschen Polizei sind bereits vorhanden, jetzt können Ziele, Erfolge und Fehler noch einmal überdacht werden und möglicherweise zu alternativen Ansätzen führen.

7 Literatur

AHERN, JAMES F. (1972): Police in Trouble, New York: Hawthorne Books.

AHLF, ERNST-HEINRICH (1997): Ethik im Polizeimanagement, BKA – Forschungsreihe, Bd. 42, Wiesbaden: BKA.

ALBA, RICHARD D./ HANDL, JOHANN/ MÜLLER, WALTER (1994): Ethnische Ungleichheit im Deutschen Bildungssystem, in: Kölner Zeitschrift für Soziologie und Sozialpsychologie, Jg. 46, H. 2, S. 209-237.

BADE, KLAUS J./ BOMMES, MICHAEL (2004): Migration – Integration – Bildung. Grundfragen und Problembereiche, Imis-Beiträge, Heft 23.

BAYLEY, DAVID H./ MENDELSOHN, HEROLD (1968): Minorities and the Police, New York: Free Press.

BEESE, DIETER (2000): Studienbuch Ethik. Problemfelder der Polizei aus ethischer Perspektive, Hilden/ Rhld.: Verlag Deutsche Polizeiliteratur GmbH.

BEHR, RAFAEL (2000): Cop Culture. Der Alltag des Gewaltmonopols. Männlichkeit, Handlungsmuster und Kultur in der Polizei, Opladen: Leske + Budrich.

BEHR, RAFAEL (2006): Polizeikultur. Routinen – Rituale – Reflexionen. Bausteine zu einer Theorie der Praxis der Polizei, Wiesbaden: Verlag für Polizeiwissenschaften.

BEHR, RAFAEL (2007): Die Besten gehören zu uns – Aber wir wissen nicht wer sie sind. Veränderung von Organisationskultur und Polizeimanagement der Polizei im Zeitalter der Pluralisierung – Bericht aus einem Forschungsprojekt zur Integration von Migranten in die Polizei, in: MARTIN H.W. MÖLLERS/ ROBERT CHRISTIAN VAN OOYEN (Hg.): Jahrbuch Öffentliche Sicherheit 2006/2007, Verlag für Polizeiwissenschaften, S. 282-305.

BLOM, HERMAN (2005a): „Anders-Sein“ bei der Polizei in Deutschland. Zur Position von Polizisten ausländischer Herkunft in der Organisation, in: Polizei & Wissenschaft, H. 1, S. 16-25.

BLOM, HERMAN (2005b): Anders sein bei der Polizei in Deutschland. Zur Position von allochthonen Polizisten an ihrem Arbeitsplatz, vor dem Hintergrund ihrer Rolle als Minderheit und der Tatsache, dass die als anders wahrgenommen werden, Schriftenreihe für Polizei und Wissenschaft, Frankfurt: Verlag für Polizeiwissenschaft.

BOSETZKY, HORST/ HEINRICH, PETER (1994): Mensch und Organisation. Aspekte bürokratischer Sozialisation, 5. Aufl., Köln: Deutscher Gemeindeverlag/ Verlag W. Kohlhammer.

BOURDIEU, PIERRE (1982): Die feinen Unterschiede. Kritik der gesellschaftlichen Urteilskraft, 1. Aufl., Frankfurt a.M.: Suhrkamp.

BOURDIEU, PIERRE (1983): Ökonomisches Kapitel, kulturelles Kapital, soziales Kapital, in: REINHARD KRECKEL (Hg.), Soziale Ungleichheiten, Soziale Welt, Sonderband 2, Göttingen: Schwartz, S. 183-198.

BOURDIEU, PIERRE/ WACQUANT, LOÏC J.D. (1996): Die Ziele der reflexiven Soziologie. Habitus *illusio* und Rationalität, in DERS. (Hg.), Reflexive Anthropologie, Frankfurt a.M.: Suhrkamp, S. 147-175.

BUKOW, WOLF-DIETRICH (1996): Feindbild: Minderheit. Zur Funktion von Ethnisierung, Opladen: Leske + Budrich.

BUSCH, HEINER; FUNK, ALBRECHT; KAUß, UDO; NARR, WOLF-DIETER; WERKENTIN FALCO: Die Polizei in der Bundesrepublik, Frankfurt a.M./ New York: Campus Verlag.

CHAN, JANET B. L. (1997): Changing Police Culture. Policing in a Multicultural Society, Cambridge: University Press.

COX, T.H./ BLAKE, S. (1991): Managing cultural diversity: implications for organizational competitiveness, in: Academy of Management Executive, Jg. 5, H. 3, S. 45-56.

CROZIER, MICHEL (1971): Der bürokratische Circulus vitiosus und das Problem des Wandels, in: RENATE MAYNTZ (Hg.): Bürokratische Organisation, 2. Aufl., Köln/ Berlin: Verlag Kiepenheuer & Witsch, S. 277-288.

CROZIER, MICHEL/ FRIEDBERG, ERHARD (1993): Die Zwänge kollektiven Handelns. Über Macht und Organisation, Neuausgabe, Frankfurt a.M.: Hain Verlag.

DAVIES, CHRISTIE (1982): Etnic jokes, moral values and social boundaries, in: British Journal of Sociology, Jg. 33, H. 3, S. 383-402.

DIEDERICHS, OTTO/ NARR, WOLF-DIETER (1993): Ausbildung bei der Polizei – Polizeiausbildung für den Alltag? in: Bürgerrechte & Polizei, Jg. 46, H. 3, S. 6-13.

DURKHEIM, ÉMILE (1973): Erziehung, Moral und Gesellschaft, Neuwied a. Rh./ Darmstadt: Luchterhand.

EDELMANN, MURRAY (1990): Politik als Ritual. Die symbolische Funktion staatlicher Institutionen und politischen Handelns, übers. Neuausg., Frankfurt a.M./ New York: Campus Verlag.

ELIAS, NORBERT/ SCOTSON, JOHN, L. (1993): Etablierte und Außenseiter, Frankfurt a.M.: Suhrkamp.

ESSER, HARTMUT (1996): Ethnische Konflikte als Auseinandersetzung um den Wert von kulturellem Kapital, in: WILHELM HEITMEYER/ RAINER DOLLASE (Hg.), Die bedrängte Toleranz, Frankfurt a.M.: Suhrkamp, S. 64-99.

ESSER, HARTMUT (2000): Inklusion und Exklusion – oder: die unvermutete Entdeckung der leibhaftigen Menschen und der Not in der Welt durch die soziologische Systemtheorie, in: OSKAR NIEDERMAYER/ BETTINA WESTLE (Hg.), Demokratie und Partizipation, Festschrift für Max Kaase, Wiesbaden: Westdeutscher Verlag.

ESSER, HARTMUT (2004): Welche Alternativen zur "Assimilation" gibt es eigentlich?, in: BADE/ BOMMES (Hg.): Migration – Integration – Bildung. Grundfragen und Problembereiche, Imis-Beiträge, H. 23, S. 57.

FEAGIN J.R./ BOOHER FEAGIN, C. (1986): Discrimination American Style – Institutional Racism and Sexism. Malabar.

FOUCAULT, MICHEL (1977): Die Ordnung des Diskurses, Frankfurt a.M./ Berlin/ Wien: Ullstein.

FRANKE, SIEGFRIED (2004): Polizeiethik, Handbuch für Diskurs und Praxis, Stuttgart/ München/ Hannover/ Berlin/ Weimar/ Dresden: Richard Boorberg Verlag.

FRANZKE, BETTINA (1995): Menschen ausländischer Herkunft im Polizeivollzugsdienst – Zur Situation in der Bundesrepublik Deutschland, in: Schriftenreihe der Polizeiführungsakademie, Thema: Polizei und ethnische Minderheiten – ethnische Minderheiten in der Polizei, H. 2, Lübeck: Schmidt-Römhild, S. 9-45.

FRANZKE, BETTINA (1999): Polizisten und Polizistinnen ausländischer Herkunft. Eine Studie zur ethnisch-kulturellen Identität und beruflichen Sozialisation Erwachsener in einer Einwanderungsgesellschaft, Bielefeld: Kleine Verlag.

GABRIEL, KARL (1979): Analysen der Organisationsgesellschaft: ein kritischer Vergleich der Gesellschaftstheorien Max Webers, Niklas Luhmanns und der phänomenologischen Soziologie, Frankfurt a.M.: Suhrkamp.

GEIßLER, RAINER (2002): „Ausländerkriminalität" – Vorurteile, Missverständnisse, Fakten, in: GABRIELE KAWAMURA-REINDL (Hg.), Migration, Kriminalität und Kriminalisierung: Herausforderung an soziale Arbeit und Straffälligenhilfe, Freiburg i. Brsg.: Lambertus, S. 27-45.

GIDDENS, ANTHONY (1995): Konsequenzen der Moderne, 2. Aufl., Frankfurt a.M.: Suhrkamp.

GOFFMAN, ERVING (1969): Wir alle spielen Theater: die Selbstdarstellung im Alltag, München: Piper.

GOMOLLA, MECHTHILD/ RADTKE, FRANK-OLAF (2002): Institutionelle Diskriminierung. Die Herstellung ethnischer Differenz in der Schule, Opladen: Leske + Budrich.

GRONEMEYER, AXEL (2003): Kulturelle Differenz, ethnische Identität und die Ethnisierung von Alltagskonflikten, in: AXEL GROENEMEYER/ JÜRGEN MANSEL (Hg.), Die Ethnisierung von Alltagskonflikten, Opladen: Leske + Budrich, S. 11-46.

GROß, HERMANN (2005): Fördert die Einstellung ausländischer Polizisten die Interkulturalität der Polizei?, in: Deutsches Polizeiblatt (DPolBl), Fachzeitschrift für die Aus- und Fortbildung in Bund und Ländern, Interkulturelle Konflikte – Interkulturelle Kompetenz, H. 4, S. 24-26.

GROß, HERMANN/ SCHMIDT, PETER (2005): Ausländer in der Hessischen Polizei: Zwischen Integration und symbolischer Politik, in: Deutsches Polizeiblatt (DPolBl), Fachzeitschrift für die Aus- und Fortbildung in Bund und Ländern, Interkulturelle Konflikte – Interkulturelle Kompetenz, H. 4, 20-23.

HÄBERLE, HELGA (2005): Polizeiausbildung im Kontext der Einwanderungsgesellschaft, in Deutsches Polizeiblatt (DPolBl), Fachzeitschrift für die Aus- und Fortbildung in Bund und Ländern, Interkulturelle Konflikte – Interkulturelle Kompetenz, H. 4, S. 26-28.

HALLSON, FRIDRIK (1996): Lebensweltliche Ordnung in der Metropole. Ethnische Konfliktpotentiale; Demarkationslinien und Typisierung von Ausländern im Frankfurter Gallusviertel, in: WILHELM HEITMEYER/ RAINER DOLLASE (Hg.), Die bedrängte Toleranz, Frankfurt a.M.: Suhrkamp, S. 285-320.

HAY, JENNIFER (1995) Gender and Humour: Beyond a Joke. Masters Thesis, Victoria University of Wellington, New Zealand.

HEITMEYER, WILHELM (1995): Desintegrationsprozesse, problembeladene Entwicklungstendenzen, gefährliche Re-Integrationsdiskurse, in: WILHELM HEITMEYER/ DIETER BAACKE/ KLAUS HURRELMANN/ KLAUS TREUMANN (Hg.), Gewalt, Schattenseiten der Individualisierung bei Jugendlichen aus unterschiedlichen Milieus, Weinheim/ München: Juventa Verlag.

HERRNKIND, MARTIN/ SCHEERER, SEBASTIAN (2003): Die Polizei als Organisation mit Gewaltlizenz: Möglichkeiten und Grenzen der Kontrolle, Hamburger Studien zur Kriminologie und Kriminalpolitik, Bd. 31, Münster: LIT-Verlag.

HEWSTONE, MILES (1989): Intergroup attribution: some implications for the study of ethnic prejudice, in: JAN PIETER VAN OUDENHOVEN, TINEKE M. WILLEMSEN (Hg.), Ethnic minorities: social psychological perspectives, Amsterdam: Swets & Zeitlinger, S. 25-42.

HOLDAWAY, SIMON (1991): Recruiting a multiracial Police Force, London: HMSO.

HOLDAWAY, SIMON (1996): The Racialisation of British Policing, London: Macmillan Press Ltd.

HOLDAWAY, SIMON (2003): Police Race Relations in England and Wales. Theory, Policy and Practice, in: Police and Society, Jg. 7, H. 1, S. 49-75.

HOLDAWAY, SIMON/ O'NEILL, MEGAN (2004): The Development of Black Police Associations. Changing of Articulations of Race within the Police, in: British Journal of Criminology, Jg. 44, H. 6, S. 854-865.

HUNOLD, DANIELA (2005): Subjektive Sicherheit und Etablierte-Aussenseiter-Beziehungen in heterogen strukturierten Stadtvierteln, in: GEORG GLASZE, ROBERT PÜTZ, MANFRED ROLFES (Hg.), Diskurs – Stadt – Kriminalität, städtische (Un-) Sicherheiten aus der Perspektive der Stadtforschung und kritischer Kriminalgeografie, Bielefeld: Transcript.

HUNOLD, DANIELA/ BEHR, RAFAEL (2007): Fremde in den eigenen Reihen. Migranten im Polizeidienst und die Auswirkungen auf Polizeikultur und Cop Culture - Bericht aus einem laufenden Forschungsprojekt, in: THOMAS OHLEMACHER, ANJA MENSCHING, JOCHEN-THOMAS WERNER (Hg.), Polizei im Wandel? Organisationskultur(en) und Reform, Schriften zur Empirischen Polizeiforschung, Bd. 6, Frankfurt/Main: Verlag für Polizeiwissenschaft, S. 21-50.

JAKOBI, SABINE (2004): Interkulturelle Kompetenz in der Polizeiaus- und –fortbildung in Rheinland-Pfalz: Zwischen Handlungskompetenz und Einstellungswandel, in: Ausländerbeauftragte des Landes Brandenburg (Hg.), Interkulturelle Kompetenz in der Polizeiausbildung, Fachtagung 30./ 31. August 2004, Potsdam.

KANTER, R. M. (1987): Some Effects of Proportions of Group Life: Skewed Sex Rations and Responses to Token Women, in: MARY JO DEEGAN (Hg.), Women and symbolic interaction, Boston: Allen Unwin, S. 277-301.

KIESER, ALFRED/ KUBICEK, HERBERT (1992): Organisation, 3. überarb. Aufl., Berlin, New York: de Gruyter.

KLATETZKI, THOMAS (1993): Wissen, was man tut: Professionalität als organisationskulturelles System; eine ethnographische Interpretation, Bielefeld: Böllert, KT-Verlag.

KNEER, GEORG/ NASSEHI, ARMIN (2000): Niklas Luhmanns Theorie sozialer Systeme, 4. unv. Aufl., München: Wilhelm Fink Verlag.

KOKOSKA, WOLFGANG/ MURCK, MANFRED (1996): Das Ausbildungssystem der Polizei im Umbruch, in: MICHAEL KNIESEL, EDWIN KUBE, MANFRED MURCK (Hg.), Handbuch für Führungskräfte der Polizei, Wissenschaft und Praxis, Lübeck: Schmidt-Römhild.

LAUTMANN, RÜDIGER (1971): Politische Herrschaft und polizeilicher Zwang, in: JOHANNES FEEST/ RÜDIGER LAUTMANN (Hg.), Die Polizei, Soziologische Studien und Forschungsberichte, Opladen: Westdeutscher Verlag, S. 11-30.

LEICHT-SCHOLTEN, CARMEN (1997): Auf dem Weg zum Ziel?: vom Gleichberechtigungsartikel über Frauenförderung zur Quote, Pfaffenweiler: Centaurus Verlag.

LEINEN, S. (1984): Black Police White Society, New York: New York University Press.

LENHARDT, GERO (1999): Ethnische Quotierung und Gerechtigkeit im Bildungssystem, in: DORON KIESEL/ ASTRID MESSERSCHMIDT/ ALBERT SCHERR, Die Erfindung der Fremdheit. Zur Kontroverse um Gleichheit und Differenz im Sozialstaat, Frankfurt a.M.: Brandes & Apsel.

LINDSLEY, SHERYL L. (1993): Communicating Prejudice in Organizations, in: MICHAEL L. HECHT (Hg.), Communication Prejudice, Thousand Oaks/ London/ New Dheli: Sage Publications, S. 187-205.

LUHMANN, NIKLAS (1971a): Zweck-Herrschaft-System. Grundbegriffe und Prämissen Max Webers, in: RENATE MAYNTZ (Hg.): Bürokratische Organisation, 2. Aufl., Köln/ Berlin: Verlag Kiepenheuer & Witsch.

LUHMANN, NIKLAS (1971b): Die Programmierung von Entscheidungen und das Problem der Flexibilität, in: RENATE MAYNTZ (Hg.): Bürokratische Organisation, 2. Aufl., Köln/ Berlin: Verlag Kiepenheuer & Witsch.

LUHMANN, NIKLAS (1984): Soziale Systeme, Frankfurt a. M.: Westdeutscher Verlag.

LUHMANN, NIKLAS (1989): Vertrauen. Ein Mechanismus der Reduktion von Komplexität, 3. durchgesehene Aufl., Stuttgart: Ferdinand Enke Verlag.

LUHMANN, NIKLAS (2005a): Organisationstheorie, in DERS. (Hg.), Soziologische Aufklärung, Bd. 3, 2. Aufl., S. 389-450, Wiesbaden: Verlag für Sozialwissenschaften.

LUHMANN, NIKLAS (2005b): Inklusion und Exklusion, in: DERS. (Hg.), Soziologische Aufklärung, Bd. 6, 2. Aufl., S. 226-251, Wiesbaden: Verlag für Sozialwissenschaften.

MAGUER, AZILIS (2002): Die Einstellung ausländischer Bewerber in den deutschen Polizeidienst, in: Monatschrift für Kriminologie und Strafrechtsreform, Jg. 85, Heft 4, S. 309-316.

MANNING, PETER K. (1977): Police Work: The social organisation of policing, Cambridge/ London: MIT Press.

MARSHALL, THOMAS H. (1992): Bürgerrechte und soziale Klassen. Zur Soziologie des Wohlfahrtsstaates, Frankfurt a.M.: Campus Verlag.

MAYNTZ, RENATE (1971): Max Webers Idealtypus der Bürokratie und die Organisationssoziologie, in: DERS. (Hg.), Bürokratische Organisation, 2. Aufl., Köln/ Berlin: Verlag Kiepenheuer & Witsch.

MERTON, ROBERT K. (1971): Bürokratische Struktur und Persönlichkeit, in: RENATE MAYNTZ (Hg.), Bürokratische Organisation, 2. Aufl., Köln/ Berlin: Verlag Kiepenheuer & Witsch.

MEAD, MARGARET (1935): Sex and temperament in three primitive societies, New York: William Marrow.

MEYER, THOMAS (1992): Die Inszenierung des Scheins. Voraussetzungen und Folgen symbolischer Politik, Frankfurt a.M.: Suhrkamp.

MÜNZ, RAINER/ SEIFERT, WOLFGANG/ ULRICH, RALF (1997): Zuwanderung nach Deutschland. Strukturen, Wirkungen und Perspektiven, Frankfurt a.M./ New York: Campus Verlag.

MURCK, MANFRED, SCHMALZL, HANS-PETER (1995): Auf dem Weg zu einer multikulturellen Polizei? in: Schriftenreihe der Polizei-Führungsakademie, Thema: Polizei und ethnische Minderheiten – ethnische Minderheiten in der Polizei, H. 2, Lübeck: Schmidt-Römhild, S. 5-8.

MURCK, MANFRED/ WERDES, BÄRBEL (1996): Veränderung in der Personalstruktur der Polizei, Altersaufbau – Frauenanteil – ethnische Minderheiten, in: MICHAEL KNIESEL, EDWIN KUBE, MANFRED MURCK (Hg.), Handbuch für Führungskräfte der Polizei, Wissenschaft und Praxis, Lübeck: Schmidt-Römhild, S. 1255-1302.

MÜLLER-JENTSCH, WALTHER (2003): Organisationssoziologie. Eine Einführung, Frankfurt a.M./ New York: Campus Verlag.

NASSEHI, ARMIN/ SCHROER, MARKUS (1999): Integration durch Staatsbürgerschaft? Einige gesellschaftstheoretische Zweifel, in: Leviathan, Jg. 27, H. 1, S. 95-112.

NEUBAUER, WALTER (2003): Organisationskultur, Stuttgart: Kohlhammer.

PARSONS, TALCOTT (1964): The Social System, Glencoe: Free Press.

POGREBIN, MARK, R../ POOLE, ERIC D. (1988): Humor in the briefing room. A study of the strategic uses of humor among police, in: Journal of contemporary Ethnography, Jg. 17, H. 2, S. 183-210.

REINER, ROBERT (2000): The Politics of the Police, 3. Aufl., Oxford: University Press.

REUTER, JULIA (2002): Ordnungen des Anderen. Zum Problem des Eigenen in der Soziologie des Fremden, Bielefeld: Transcript.

ROMMELSPACHER, BIRGIT (1995): Dimensionen der Dominanz, in: DERS., Dominanzkultur, Texte zu Fremdheit und Macht, Berlin: Orlanda Frauenverlag.

SACHS, MICHAEL (1997): Die Maßstäbe des allgemeinen Gleichheitssatzes - Willkürverbot und sogenannte neue Formel, in: Juristische Schulung, H. 2, S. 124-130.

SCHEIN, EDGAR H. (1995): Unternehmenskultur: ein Handbuch für Führungskräfte, Frankfurt a.M./ New York: Campus Verlag.

SCHIFFAUER, WERNER (1991): Die Migranten aus Subay: Türken in Deutschland: Eine Ethnographie, Stuttgart: Klett-Cotta.

SCHULDT, CHRISTIAN (2003): Systemtheorie, Hamburg: Europäische Verlagsanstalt.

SCHÜTZ, ALFRED (1972): Der Fremde. Ein sozialpsychologischer Versuch, in: DERS.: Gesammelte Aufsätze, Bd. 2, S. 53-69.

SKOLNYCK, JEROME H./ FYFE, JAMES J. (1993): Above the law. Police and the Excessive Use of Force, New York: Free Press.

SOEFFNER, HANS-GEORG/ TÄNZLER, DIRK (2002): Figurative Politik. Zur Performanz der Macht in der modernen Gesellschaft, Opladen: Leske + Budrich.

SÜSSMUTH, RITA (1997): Ohne geht es eben doch nicht – die Quotendebatte der CDU, in: INGE WETTIG-DANIELMEIER (Hg), Greift die Quote? Köln: Stadtwege-Verlag.

STEINERT, HEINZ (1991): Der Polizist und die Polizei, in: Neue Kriminalpolitik, S. 24-27.

STICHWEH, RUDOLF (2005): Inklusion und Exklusion: Studien zur Gesellschaftstheorie, Bielefeld: transcript.

TAJFEL, HENRI (1982): Social Identity and intergroup Relations, Cambridge: University Press.

TIELEMANN, KEA (1993): Frauen in der Schutzpolizei, in: Bürgerrechte & Polizei, Jg. 46, H. 3, S. 18-22.

TÜRK, KLAUS (1978): Soziologie der Organisation. Eine Einführung, Stuttgart: Ferdinand Enke Verlag.

VAN GILS, A.H.P. (1995): Polizeibeamtinnen und –beamte aus ethnischen Minoritäten – Erfahrungen und Perspektiven in den Niederlanden, in: Kuratorium der Polizeiführungsakademie: Thema heute: Polizei und ethnische Minderheiten – ethnische Minderheiten in der Polizei, Schriftenreihe der Polizeiführungsakademie, H. 2, Lübeck: Schmidt-Römhild, S. 51-60.

WADDINGTON, PETER A.J. (1999): Police (Canteen) Sub-Culture, in: British Journal of Criminology, Jg. 39, H. 2, S. 287-309.

WEBER, MAX (2005): Wirtschaft und Gesellschaft, Grundriss der verstehenden Soziologie, Frankfurt a.M.: Zweitausendeins.

WILKINS, VICKY M./ WILLIAMS, BRIAN N. (2005): Black or Blue: Racial Profiling and Representative Bureaucracy. Paper for Presentation at the 8th Public Management Research Conference, September 29th – October 2nd in Los Angeles, California, unveröffentlicht.

WINDOLF, PAUL (1981): Berufliche Sozialisation: Zur Produktion des beruflichen Habitus, Stuttgart: Enke.

WINTER, MARTIN (1998): Politikum Polizei. Macht und Funktion der Polizei in der Bundesrepublik Deutschland, Münster: LIT Verlag.

Grundlagen zum Strafrecht
StGB

Polizei- und
Kriminalpsychologie